VOYAGES

ÉCRIT EN CHINE

PAR

GILBERT DE VOISINS

TOME II

PARIS

LES EDITIONS G. CRÈS ET CIE

1924

ÉCRIT EN CHINE

DU MÊME AUTEUR

La petite Angoisse, roman.
Pour l'Amour du Laurier, roman.
Le Démon secret, roman.
Sentiments, critique.
Les Moments perdus de John Shag.
Le Bar de la Fourche, roman.
L'Enfant qui prit peur, roman.
Le Mirage, roman.
L'Esprit impur, roman.
Fantasques, petits poèmes.
La Conscience dans le Mal, roman.

Prochainement.

Le Jour naissant.

VOYAGES

ÉCRIT EN CHINE

PAR

GILBERT DE VOISINS

TOME II

PARIS

LES ÉDITIONS G. CRÈS ET CIE

1923

Fig. 12. — Arrivée à Lan-tchéou.

23 octobre.

V

DE LAN-TCHEOU A TCHONG-KING

M'y voilà donc, dans ce canton lointain que je m'étais fixé comme but! Voulant rêver d'aventures, j'avais ouvert mon atlas sur le plus grand des continents et, par jeu, tout au hasard, j'avais piqué la page, parmi les fleuves, les villes, les montagnes...

Je regardai le petit point noir.

« Heureux, pensai-je, qui peut se trouver là, avant vécu dans le bruit que font les hommes de son pays! ».

Sans cesse, j'y songeais, ne quittant plus la carte des yeux et revenant toujours à ce petit

en principe, mais parle bien durement des
Chinois, moins pourtant que des Européens
qui passèrent à Lan-tcheou. — Belges, Alle-
mands, Russes, Français, tous étaient pétris
de la même farine ; gens grossiers, indélicats
et brutaux.

Je vois dans un coin de sa chambre un
pauvre violon, pendu et qui s'ennuie. Nous
parlons au Père Patrice de musique.

« Ah ! nous dit-il, entendre ne fût-ce que
deux instruments jouant ensemble ! quelle joie
ce doit être ! Il y a six mois, vous entendiez,
à Paris, un orchestre, la voix nombreuse d'un
orchestre ! Quand je joue, la voix grêle de mon
violon a toujour l'air de se plaindre ! »

Et il nous rappelle des souvenirs. Le Père,
dans ce pays dont la musique lui est incom-
préhensible, garde jalousement en sa mémoire
des quatuors entiers de Beethoven et, ne pouvant les réentendre, il les repense ; alors, ses
yeux se ferment et, d'un geste, il demande
que l'on se taise.

Lan-tcheou.   *25 octobre.*

Nous avons déjeuné au Tien-shou-t'ang, avec le Père Patrice. Le repas fut amusant et ce délicieux homme nous parla ensuite de la Chine. Il est professeur à l'Université chinoise et conte ses ennuis avec beaucoup d'humour.

Les élèves viendront l'écouter quelques temps, puis ne viendront plus, et reparaîtront, de nouveau, sans que l'on s'y attende. Quelques anciens, que l'on n'avait plus vus depuis un an, seront très assidus pendant six jours. Cela fait de singulières échelles d'ignorance et le temps perdu ne se compte pas.

Ces gens ont parfois des idées surprenantes. Des deux classes, l'une était un cours supérieur, l'autre un cours élémentaire ; le Père donnait, à chaque copie des deux cours, une note allant de un à vingt. Jamais il ne put faire comprendre à ses élèves qu'un 18 marqué sur une copie de la classe élémentaire n'indiquait pas un mérite plus grand qu'un 17 de la classe supérieure. Il en fut réduit à noter les unes de o à 10 et les autres de 10 à 20.

Certains bons élèves font preuve d'application, parfois, mais ils n'ont pas le *sens* de la grammaire et il est presque impossible de le leur donner. Il en va de même pour les premiers éléments. *B* se dit *bé*. *A* se dit *a*. Voilà qui semble compris. Et comment se dit *BA* ? Ils répondront *Co* ou *Li*, ou n'importe quoi d'autre. Ils croient encore que le singulier et le pluriel sont des qualités qui se rapportent à l'essence de l'objet simple ou multiple. Ils ne saisissent pas davantage la valeur.

Les concours sont surtout des concours de tricherie. Un professeur japonais, ayant voulu empêcher cet usage, fut renvoyé. Celui-là enseignait la philosophie sans savoir le chinois. Son cours était traduit à mesure. Quels pouvaient être les résultats d'un pareil système? — Enfin, ceux qui examinent les copies des concours n'en savent pas plus long que les concurrents eux-mêmes.

Et le Père Patrice conserve toute sa gaieté, tout son bon sens, toute sa charitable bonhomie au milieu de ce monde étrange, et le Père Patrice ne se plaint pas.

Lan-tcheou.   *26 octobre.*

Le métis est toujours un être un peu effrayant. Celui du nègre et du français nous est connu. On m'a fait voir celui du luxembourgeois et de la chinoise. Je me souviendrai de son apparence, car c'est un singulier individu. Lourd, épais, massif; des mains d'ouvrier, par la forme, d'enfant, par la taille; un corps charnu, pâteux, tout rond. Je viens de dîner avec lui ; il se montre assez convenable, je l'accorde, mais, de temps en temps, il laisse échapper des mots malheureux. « Nous autres Européens » est son expression favorite.

Son père avait une douzaine d'enfants et en adoptait de temps à autre. Sa progéniture lui composait ainsi une manière de collection. Il

en était fier comme un autre serait d'une vitri-
ne de bibelots. Il débuta dans la vie comme
domestique de séminaire, là-bas dans son
pays, et mourut, ici, homme important et res-
pecté. L'an dernier, son fils se promenait encore dans les rues de Lan-tcheou, coiffé d'un
chapeau haut-de-forme. Il affirmait ainsi son
origine. Il se contente aujourd'hui d'un chapeau melon. Il cause avec abondance, de tout
et de n'importe quoi. Si fort que je m'en défende, cet homme de sang mêlé m'inquiète et
m'horripile. A côté du Père Patrice, d'une si
grande noblesse, d'une si belle gaieté, il fait
vilaine figure. Vers la fin du repas, il m'épouvante en disant :

« Je compte aller en Europe, l'an prochain ;
je ne manquerai pas de vous rendre visite ».

Terrible promesse ! Il l'oubliera peut-être ;
peut-être encore, daignera-t-il mourir avant
l'hiver. Il tousse et, malgré sa forte carrure,
semble assez mal en point.

Lan-tcheou.   *27 octobre.*

« Les Chinois chrétiens? Vous voulez que je vous en parle ? Heu ! heu !… le sujet n'a rien d'admirable ! Les protestants ont ici huit fidèles ; eux-mêmes, en comptant leurs femmes et leurs filles, étant aussi au nombre de huit. Quand aux Chinois catholiques, j'en compte environ deux cents, mais ils étaient deux cents au temps de Kang-hi et, depuis lors, notre petite Eglise n'a guère augmenté. Croyez-moi, il n'est pas facile de convertir un Chinois : la précision de ce qu'on leur enseigne les déroute. De plus, ils trouvent toujours à citer quelque chose d'analogue, dans leurs livres. La nouvelle version leur paraît très acceptable, assez habile, ils iraient jusqu'à dire… amusante ! Dès lors, l'influence de celui qui prêche est plus forte, sur eux, mille fois, que la vérité de ce qu'il prêche.

« D'ailleurs, la vérité, à leur avis, est chose confuse. Chez un enfant, le mensonge paraît être une ruse gentille, une élégance bien plutôt qu'un défaut. Tout ce qu'un Chinois apprend demeure à l'état vague. « Il y a dix commandements. — Pourquoi dix, plutôt que dix et quelques autres? » Je vois là une habitude de leur esprit. Un Chinois vous dira qu'il a trois ou quatre enfants, que, sur cette table, deux ou trois objets sont posés. Manières de s'exprimer, locutions, sans nul doute, mais néanmoins locutions significatives.

« Parfois, je m'étonne encore. J'accours, le soir, chez un vieux chrétien moribond, pour lui donner les sacrements et lui demande, espérant une réponse édifiante, ce qu'il désire le plus : « Un plat de vermicelle, me dit-il, très chaud, avec beaucoup de piment rouge ». Puis il meurt.

« Que voulez-vous! on finit par s'y habituer! »

Lan-tcheou.   *28 octobre.*

Le Père Patrice collectionne les pensées, les dictons, les proverbes chinois. Il m'a permis, hier, d'en parcourir la liste et j'ai été effrayé de voir quelle large place y prenaient les sentiments de mysoginie. Le Chinois serait-il peu galant? Qu'il dise : *une femme laide est un trésor dans la famille,* ou : *l'homme est dominé par le souffle et la volonté, la femme par le sang,* ou bien encore : *voyant de la soupe, la femme parle de soupe, voyant de la pâte filée, elle parle de pâte filée,* cela n'est qu'amusant, bien que banal, mais j'aime moins : *une femme peut coucher avec un homme dans le même lit, son cœur n'en reste pas moins caché dans son ventre,* et pas du tout : *après trois ans de veuvage, l'homme devient fort comme un cheval hongre, et la femme si maigre qu'on la dirait raclée avec un couteau.*

L'amour fraternel se manifeste dans ces dictons : *un frère qui meurt, c'est une aile coupée,* pourtant, l'épouse y reçoit encore son coup de griffe : *quand la femme meurt, c'est comme si vous changiez la manche de votre habit.* Il en est qui dénotent une observation assez curieuse : *l'homme est un râteau, la femme est une boîte;* d'autres qui sont méchants, sans plus : *une jolie femme est comme un ver qui fait venir les oiseaux au fruit,* ou bien : *la bouche de la femme est un boisseau sans juste mesure,* mais je prise infiniment ce dicton-ci : *la langue d'une femme s'augmente de tout ce qu'elle ôte à ses pieds.*

En me montrant son anthologie, le Père Patrice ne cessait pas de sourire.

Lan-tcheou.   *29 octobre.*

Le Père Patrice tient à nous faire connaître M. Jérôme Li.

On le cite en exemple : il a toutes les vertus. C'est un homme du monde; il connaît l'Europe et ses usages, et ses plaisirs. Ce Chinois catholique est un Parisien. Il fut apprécié sur le boulevard, mais on l'estime aussi dans son pays natal. Interprète de son S. E. le Vice-Roi de la province, professeur, diplomate, savant... quoi d'autre encore?... il aspire à de plus nobles fonctions.

Je veux bien le voir... Un Chinois d'Europe?... j'imagine mal ce produit. — Mais, d'abord, pourquoi Jérôme, au lieu de Jean, Arthur, Louis ou Jacques?... Le nom fut choisi, nous dit-on, par son père, un vieux chrétien, au hasard du calendrier.

« Quoi! s'écrie le Père Patrice, vous vous étonnez? J'en ai rencontré un qui s'appelait Capharnaüm. Ce nom se trouve dans l'Ecriture; peu importe qu'il désigne un village!... Et que pensez-vous de Bethsaïda? Les Jérémies abondent; Ezéchiel est banal, bien que de prononciation malaisée... mais écoutez ceci : je connais un Chinois qui se nomme Verbum! Vous avez bien entendu?... Verbum!... On ne saurait aller plus loin ».

Revenons à Jérôme Li ! — Le voilà ! correct

en sa robe de cérémonie, belle, mais sans éclat, neutre comme un habit noir. Dès l'abord, il me stupéfie ! Je ne trouve plus le Chinois plein de courtoisie que j'avais accoutumé de voir, dont les manières sont affables, la conversation subtile et délicate. Celui-ci parle trop bien le français, le parle trop fort ! Son langage est pur, oui, mais il discourt comme ferait une machine à coudre, comme tourne une toupie... Cela est très effrayant ! On dirait que la phrase se déclenche par un procédé mécanique. Les mots sortent avec une abondance, une rapidité, une précision qui déconcertent, détachés, nets et pressés comme des grains de riz.

Qu'il se taise ! de grâce ! qu'il se taise !

Oh ! cette bouche chinoise qui parle ma langue !

Wa-kouan-hien   *1ᵉʳ novembre.*

Le départ, ce matin, fut malaisé. Enveloppés de manteaux, car il fait un froid dur, nous sautions d'un pied sur l'autre, en attendant nos mules, devant leurs bâts chargés et ficelés. Elles arrivèrent une heure plus tard. Nous pouvions nous croire au bout de nos peines quand l'une de ces bêtes, une fois sous le faix, se livra soudain, dans la cour de l'auberge, à une danse giratoire et vésanique, très propre à semer l'épouvante. Elle semblait, en vérité, prise de folie, lançant ses quatre membres, de droite et de gauche, avec des déhanchements imprévus, des courbes de caricature, se cabrant, faisant la belle comme un chien fait le beau, puis esquissant un saut de mouton que suivait une ruade, et tournoyant à la façon des derviches pour, aussitôt, recommencer de nouveau tout son divertissement. Aurions-nous donc hérité d'une mule foraine, harcelée, tout à coup, par des souvenirs de haute école? ou bien cette bête osseuse et sans grâce contient-elle (métempsychose étrange!) l'âme d'une vieille dame saoule qui se remémore ses ivresses d'antan? — Elle finit par s'apaiser et nous pouvons partir.

La sortie de Lan-tcheou est très belle. Du flanc de la colline où nous sommes, on voit la ville entière dessinant par son contour le caractère de la longévité ; dans la plaine, les feuillages d'automne chatoient et, tout autour, veillent de hautes montagnes nues, d'une noblesse austère. — Nous passons plusieurs petits gués ; le temps est radieux, des buissons pourpres et roux animent le décor. Sur les flancs du vallon qui serpente à notre gauche, de minces peupliers d'un jaune vif concertent délicieusement avec des poiriers rouges ; seul, le thalweg reste vert par ses broussailles, et tout cela chante comme une musique.

Nous entrons, à quatre heures, dans le village de Wa-kouan-hien, où nous coucherons. On nous a dit, avant hier, que ce village fut, il y a quelques semaines, illustré par un crime, l'assassinat d'un touriste européen. Pour l'instant, il paraît assez calme et l'on nous y reçoit très pacifiquement. Les indigènes se livrent à des travaux de poterie : larges plats ronds, cuvettes basses, jarres pansues, vernissées en noir. Flânant de ci, de là, nous découvrons enfin, dans une boutique, un potier dont le muffle chafouin a vraiment vilain aspect. Cet homme aurait bien pu commettre un crime ; cet homme a peut-être... De là à proclamer que les habitants de ce village, où le sang d'un Européen coula, ont une sinistre figure, qu'ils sont prédestinés au crime, qu'ils sont des criminels nés !... mais, une fois installés dans une paisible auberge, nous apprenons que le lieu du méfait se trouve plus loin, beaucoup plus loin, sur la montagne !

Le froid augmente, le froid devient cruel. Nous nous endormons, vêtus de nos beaux manteaux fourrés, chaussés de bottes chinoises, coiffés de bonnets chinois. Je soupçonne, au demeurant, ces derniers d'être en « chat ». On nous les vendit sous une autre appellation, plus noble, plus rare, mais nous sauverons la face en parlant de « chat sauvage ».

La-ma-ling.   *6 novembre*

Ce matin, nous quittâmes Louo-kia-ma par un temps très pur ; l'air était léger, la brise faible ; notre route, qui serpentait assez follement au pied des montagnes neigeuses, promettait néanmoins des étapes faciles ; une chasse abondante nous mit en belle humeur et, pour un peu, nous eussions chanté.

Si l'horizon resta clair, jusqu'au soir, le faisan nombreux et le paysage splendide, les chemins, par contre, changèrent bientôt d'aspect : ils gagnèrent beaucoup en pittoresque mais devinrent malaisés. Ce furent, d'abord, d'étroits couloirs entre les hautes roches, des montées rudes, un lacet caillouteux devant de magnifiques décors abrupts, et, dans le fond, la côte rouge et grise, tachetée de neige, menant à la pente du Kien-lun, blanche avec des reflets roses. — Nous passons par des endroits singuliers : au-dessus de nos têtes, la falaise fait ventre, sous nos pieds, le torrent rebondit et chante ; quand au sentier que nous suivons, il est suspendu sur un gouffre, porté par des troncs d'arbre enfoncés dans le mur rocheux et sur lesquels furent posés un peu au hasard, semble-t-il, des planches recouvertes de terre et de pierraille. Nous ne souffrons heureusement du vertige ni l'un ni l'autre, car nous nous promenons sur le balcon sans garde-fou d'un troisième étage, balcon de soixante centimètres de largeur, peu solide, inégal, troué par endroits, coupé de fissures que l'on distingue à peine, tandis que, tout en bas, le torrent s'amuse, — et nous sommes à cheval.

D'heure en heure, la montée devient plus dure. Précipices, brusques changements de décor, énormes blocs éboulés, cascades bruyantes qui lavent le chemin, larges failles, tout cela passe devant nos yeux et ce romantisme nous paraît excessif, à la longue. Vers quatre heures, nous entrons dans le brouillard, puis le dépassons pour trouver un ciel de cuivre, très bas, très lourd de neige. Tout au sommet du col,

notre petite troupe rejoint, à travers une rafale
blanche, des muletiers qui vont au même village que nous. La descente est longue, nos
bêtes sont lasses, il fait bien froid. Nous arrivons enfin, dans une nuit opaque, à l'auberge
de La-ma-ling, un hangar en plein vent d'où
il faut déloger des mules et des cochons. .

Tchong-tsai-ki.　　　　　　　　*7 novembre.*

Parmi nos domestiques, il ne me reste à
parler que de Yang, l'interprète, et de Koei-
Tch'ang, le cuisinier, mais je n'ai plus pour
Yang les sentiments d'un maître : plutôt ceux
d'un ami. Je veux l'étudier encore. Quant au
cuisinier, au mystérieux cuisinier, voici :

Son nom signifie « Précieuse Lumière », ce
qui ne laisse pas d'étonner un peu. J'imagine
mal un valet de chambre parisien s'appelant
« Splendeur du Jour » ou le concierge de ma
maison se dénommant « Aube Tendre ». C'est
un homme singulier, à la fois très inquiétant

et très digne. Un sourire évasif passe, repasse, disparaît, vient renaître sur son visage, sans que l'on sache, au juste, si Koei-Tch'ang sourit de la bouche ou des yeux et ce que (mépris, ruse, gaieté?) ce sourire signifie. Rien ne l'émeut, rien ne l'attriste. Il paraît toujours de bonne humeur. Il est l'ami de tout le monde. Fort élégant, il se distingue des autres domestiques par sa tenue, sa propreté scrupuleuse, des mains longues et soignées, une apparence « fin de race ». Je le crois peu honnête, mais il nous vole avec une parfaite discrétion, une réserve qui sauve les apparences. Jamais il ne se laissa prendre en faute. Koei-Tch'ang se dit catholique. Il doit l'être modérément. Je ne l'ai jamais vu se rendre à la messe, ni manifester le moindre désir d'accomplir ses devoirs religieux. Sa cuisine est passable.

A Péking, nous avions aussi un coolie pour les gros travaux. Sseu présentait la plus belle image que l'on puisse concevoir de l'imbécile pur. Il semblait agir comme une poupée lente que seuls déclencheraient les grands éclats de voix. Pour lui faire entendre un ordre, il fallait le hurler à ses oreilles. Il se mettait alors en action et nous obéissait, tout au rebours du bon sens et de nos volontés. Nous le congédiâmes dès Pao ting-fou. Sans mauvaise intention, il nous eût, un jour, le pauvre diable, jetés par maladresse dans un précipice et se fut, ensuite, grandement étonné de notre trépas.

Tch'a-pou-yi.   *8 novembre.*

Nous partons à dix heures, par un temps gris, doucement lumineux, et remontons le Tao-ho entre de nobles collines et de beaux fragments de terre jaune. Nous retrouvons le loess avec plaisir. Faisans, sarcelles, canards abondent; la brise est fraîche, le paysage aimable. Le Tao-ho coule à pleins bords, en décrivant des courbes majestueuses. Nous finissons l'étape par un trot allègre, sur bon terrain, tandis que le jour s'achève dans les splendeurs atténuées d'un crépuscule gris, vert et mauve.

Ces heures sans accidents nous ont semblé tout particulièrement douces.

Min tcheou.   *9 novembre.*

Nous suivons, sur de hautes falaises, la rive droite du Tao-ho. La vallée s'évase. Après avoir traversé de nombreux torrents qui font marcher des moulins, nous atteignons, vers une heure et demie, Min-tcheou et nous nous rendons à la mission protestante. Le Révérend Arnholm et son épouse Hilda nous y reçoivent. Lui est un géant lourdaud mais aimable ; elle, une gentille ménagère sans importance. Ils insistent beaucoup pour nous retenir à dîner, car, depuis sept ans, ils n'ont vu que trois fois des figures européennes. L'invitation a tant de bonne grâce que nous acceptons aussitôt.

Dans cette maison, si proprement tenue, nous fûmes surpris par une façon d'exotisme à rebours : nous trouvâmes là des carreaux aux fenêtres (entendez bien des carreaux de vitre !), un poêle, une bibliothèque (celle-ci, peut-être un peu sage, par son contenu), des fauteuils, enfin, rembourrés et commodes. On nous servit un thé de Ceylan avec du vrai lait d'une vraie vache qui nous fut présentée, et tout était à l'avenant.

Singulière impression, par laquelle je me laisse naïvement émouvoir : car nous voici transportés, soudain, dans un petit carré d'Europe, une cellule réservée que toute la Chine entoure.

Je savais d'avance que le dîner serait servi sans vin. Or, j'étais à peine assis, que je vis, avec stupéfaction, devant moi, un verre plein d'un liquide rouge qui paraissait bien être du porto. Je voulus boire... Hélas !... du porto ! non pas, mais un composé suédois (nos hôtes sont des Suédois américanisés) de fraises, de framboises et de crème. A dire le vrai, j'ai bu des mélanges pires.

Le reste du repas fut très honnête (sauf un canard brûlé); nos hôtes se montrèrent charmants; vers dix heures nous déclinâmes l'offre

de coucher sous leur toit et le Révérend Arnholm nous accompagna jusqu'à la porte de la
ville, car notre auberge est située dans les fau-
bourgs.

Tan-tch'ang.   *11 novembre.*

Belles vallées, temps radieux ; l'automne est
au même point de splendeur que dans le Kan-
sou, il y a quinze jours. Nous devons avoir
franchi, aujourd'hui, la ligne de partage des
eaux qui sépare le Hoang-ho du Yang-tzeu,
puisque nous longeons un petit torrent qui
coule vers le sud. Le petit torrent en reçoit
d'autres et grossit ; il grossit même beaucoup ;
cela devient inquiétant, car nous nous sommes
trompés de route et suivons la rive droite, tandis que nos mules se sont engagées sur la
gauche... Comment traverserons-nous ?
Beaucoup de gibier, mais nous avons laissé
nos fusils dans les bagages. Une très imperti-
nente sarcelle vient nous narguer de près. Nous

la poursuivons à coup de revolver; elle se moque de nos projectiles, s'envole, tourbillonne et va se poser plus loin. Nous insistons, elle persiste; la colère monte en nous, elle n'en a cure; nous fumons de rage, elle se rapproche encore, semble nous faire la nique et s'envole enfin, pour de bon.

La nuit tombe, le vent fraîchit; le sentier descend dans le lit caillouteux et large du torrent. Nous voyons le village d'étape, là, sur la rive gauche. Il faut passer. Les premières tentatives restent vaines : le torrent est trop profond, trop rapide; aucun endroit ne paraît guéable. Déjà notre mafou a tenté l'aventure, mais son cheval tombe dans un trou, aux trois quarts du passage, et revient sur la rive droite, la bride rompue, tandis que lui-même, trempé jusqu'aux os, traverse malaisément, bien qu'il soit bon nageur.

La nuit s'épaissit; nous perdons patience; nous remontons le torrent, de quelques mètres; nous nous y jetons, tout au hasard; or le ciel veut que nous rencontrions un gué, où, d'ailleurs, l'eau nous vient au ventre, mais nous atteignons la rive gauche. — Mouillés et grelottants, il nous reste encore à gravir, dans l'ombre, une falaise, puis à trouver nos mules, nos bagages, nos gens. Personne ne les a vus, dans le premier fauboug où nous entrons, personne ne les a vus, dans un second, nous poussons plus avant. Voici enfin une vaste auberge, assez propre, où tout est déjà préparé pour nous recevoir. Un feu de bûches flambe, on nous offre du thé chaud...

Nous célébrerons ce gué mémorable en nous accordant un jour de repos à Tan-tch'ang.

Tan-tch'ang.   *12 novembre.*

Nous nous réveillons, à onze heures, encore moulus par nos aventures d'hier, et décidons de n'entreprendre aucun exercice violent jusqu'à demain. L'après-midi est donc consacré à la rédaction des notes que nous griffonnons

chaque jour et notre repas du soir à un très
succulent civet de lièvre.

T'ong-t'ong.   *13 novembre*.

Où coucherons-nous, aujourd'hui? Les ren-
seignements que l'on nous donne sur l'étape
du soir sont un peu vagues et le sentier que
nous devons suivre semble bien mauvais, bien
étroit, bien incertain. Le paysage, par contre,
nous dédommage par son étrange beauté. Tout
est vertical, dans ce pays que l'on dirait ouvert, à coups de hache, en hautes coupes pa-
rallèles. D'énormes quartiers de roc se sont
éboulés dans le lit du cours d'eau, laissant à
nu le flanc de la montagne, veiné comme du
bois par de larges stries noueuses et retordues
d'un brun rouge éclatant; décor chimérique
s'il en fut jamais, qui nous effare à ce point
que nous descendons de cheval et restons assis
au bord du sentier, les pieds ballants au-des-

sus du gouffre, silencieux et les yeux grands
ouverts, comme deux enfants ébahis.

King-chouei-kia.   *14 novembre.*

Le ciel sera bleu jusqu'au soir. Nous suivons
les gorges du Hei-chouei, tantôt sur la rive
droite, tantôt sur la gauche, par d'invraisem-
blables sentiers muletiers assez horrifiques.
Passages et ponts en étagères, ravins inattendus, pentes caillouteuses et traîtesses, nous
goûtons toutes les joies offertes par ce pays
dont le moins que l'on en peut dire est qu'il
nous paraît bien accidenté. A la tombée du
jour, nous arrivons au confluent du Hei-chouei
et d'un affluent. Barrée par le massif du Chagolo, la rivière tourne brusquement vers l'est
en un coude splendide. Le village où nous
coucherons est, à sept lis plus loin, en avancée
sur le fleuve grondant, mais quand nous arrivons à King-chouei-kia, nous ne trouvons
qu'une auberge enfumée et sordide. Un trou

dans le toit donne constamment des douches d'air glacé. Voilà qui promet une nuit agréable.

Hia-heou-tzeu..   *15 novembre.*

En longeant toujours le massif du Chagolo neigeux, nous suivons la rive gauche du Hei-chouei. Le gibier est abondant : oies roses, canards et sarcelles. Vers midi, nous croisons un petit mandarin. Pour la cession de la route qui, par extraordinaire, est aujourd'hui assez large, il se produit un pugilat avec gesticulations, protestations, hurlements. Tout cela nous est connu ; on n'y prête plus grande attention. Segalen relève à coups de pied un de nos muletiers qui s'est couché par terre et pleure et gémit sur des notes aiguës, en se tenant le ventre. Un des soldats du mandarin l'a battu, affirme-t-il. Encore une scène d'opérette. Nous passons d'ailleurs sans difficulté.

Ne pouvant gagner Che-men, on couchera, ce soir, à Hia-heou-tzeu, mais il faut déloger

Fig. 13. — Une caravane dans le Kan-sou.

14 novembre.

de chez lui un habitant, car l'auberge est pleine. Nous faisons, avant de nous coucher, une triste découverte : notre provision de café s'épuise ; il n'en reste plus que pour deux jours. Voilà qui est plus grave qu'une souffrance morale, même très vive. Cette tasse de café chaud, que nous buvions à l'aube, avant de sauter en selle, par quoi la remplacer?

Kiai-tcheou.   *16 novembre.*

Nous avons rencontré, il y a trois jours, un Tangoute qui vendait des khakis. Cet homme se fit fort de nous conduire en sept jours à Song-p'an dans les marches tibétaines. La chose n'était pas invraisemblable, pourtant nous le surprîmes en flagrant délit d'ignorance dès que nous lui demandâmes des précisions. Il fut donc congédié, mais, depuis lors, cette idée de voir ne serait-ce que les franges de ce beau tapis de neige que doit être le Tibet, nous hante, tout le long du jour, et c'est aujourd'hui seulement que nous avons renoncé à tourner vers l'ouest. En passant par Song-p'an, nous n'eussions gagné que de voir une ville très connue et de nous faire du Tibet encore lointain une idée absurde, comme toutes les « idées frontière ». Ce pays, nous l'imaginerons, plus tard, dans toute sa splendeur, par le livre que mon ami Jacques Bacot en rapportera. — Descendons vers le sud. Les premiers mûriers nous apprennent que le Sseu-tchouan ensoleillé n'est pas loin.

Tang-ping-tze.   *23 novembre.*

Ces jours-ci, la route eut des ressauts, des ravinements, des trous et des fossés inattendus. D'ailleurs, tous les transports semblent se faire à dos d'homme. Le sol se délite constamment en larges moellons plats et minces dont les paysans recouvrent leurs maisons. Petits gravats qui filent sous le pied, dalles glissantes, pierres traîtresses, tout semble vouloir nous

jeter dans la rivière qui chante et se divise sur
les roches pointues. Sans nul répit, nous mon-
tons, nous descendons, nous passons des obs-
tacles et ne trouvons jamais cent mètres de
plat. Les ponts suspendus, faits de planches,
basculent sur des tiges de fer qui n'inspirent
pas confiance. Le sentier que nous suivons est
accroché aux parois dangereusement lisses de
la montagne, au-dessus d'un gouffre sombre.

A chaque instant, nous sautons des torrents
vert clair qui se jettent dans le Hei-chouei
dont le cours est déjà boueux. Notre grande
lassitude de chaque soir est faite de fatigue
musculaire mais aussi d'un vertige assez pénible, dû au manque d'horizon, devant tous
ces plans verticaux.

Paysage magnifique! Grands bambous qui
nous annoncent la Chine du Sud, comme font
aussi les rues plus étroites des villages...

Mouo-tzeu-ping.   *26 novembre.*

Le Hei-chouei a pris un ton vert plombé. Ses sables sont gris d'argent. Les montagnes qui l'enserrent nous paraissent plus droites encore qu'elles n'étaient, ces jours derniers. Les escalades par des lacets pierreux nous éreintent tous, hommes et bêtes. Après deux ou trois heures de montée, on passe, non pas un col mais la crête même de la chaîne de montagnes. Nous voici enfin dans le Sseu-tchouan. Les bosquets rouges, les fourrés, encore très denses, parmi lesquels notre sentier se perd, disent qu'en ce pays, c'est l'automne. La région a, d'ailleurs, changé d'aspect. On ne couvre plus les maisons de pierres plates, mais bien de tuiles ou de chaume.

Ma fatigue est telle, qu'en entrant à Mouo-tzeu-ping, il s'en faut de peu que je ne tombe de cheval.

Hao-ki. *27 novembre.*

Par une série de vallons dorés et broussailleux, nous suivons le lit d'un torrent à gros galets roulés. En voici la source, discrète, musicale, ornée de fougères, une source que l'on voudrait décrire en strophes de forme classique. Plus loin, une porte crénelée barre un petit col. Yang affirme que c'est aujourd'hui et non pas hier que nous passons du Kan-sou dans le Sseu-tchouan. La descente sur l'autre versant se fait par des escaliers un peu fous que bordent des ravins. La route est dure. Vers la tombée du jour, nous voyons avec plaisir les premières maisons de Hao-ki.

L'auberge médiocre regorge de voyageurs; il faudra loger, encore une fois, chez l'habitant. Une heure plus tard, nous nous installons dans une petite hutte carrée où pendent des grappes de maïs. Trois vieilles femmes sont groupées autour d'un brasier central qu'elles tâchent de ranimer. Il flambe bientôt; il les éclaire. On dirait les sorcières de Macbeth. La première est sourde, une autre est borgne, la troisième paraît saine, mais doit cacher quelque affreuse maladie. Je la voudrais lépreuse, pour que le tableau fût complet. Elles tisonnent toujours, avec de longues tiges de fer. Elles restent courbées; elles marmonnent des paroles obscures... une incantation, peut-être. Les cloisons de la hutte sont noires; les grappes de maïs s'y dessinent en jaune; le sol de cendre grise cède sous le pied; des marguerites d'un blanc dur couronnent étrangement une coupe en grès, posée dans un coin. Ces fleurs semblent retenir en elles toute la lumière de l'endroit; seuls, parfois et pour un instant, des éclats du brasier central jaillissent et les éteignent.

Alors les trois sorcières se reculent et leurs vieilles mains garent leurs yeux plissés.

Tsing-tchouan. *28 novembre.*

La route a été meilleure, aujourd'hui, malgré les escaliers taillés dans le roc que nous dûmes gravir, ce matin. Ce fut, ensuite, toute une série de petites plaines, faciles à traverser, encerclées de montagnes rousses. Le pays change tous les jours. Les villages sont plus nombreux et plus riches. Leurs toits à crête blanche se retroussent, aux coins, en forme de sabot. Ce soir, nous avons vu des bananiers. Cela sent déjà les tropiques.

Kao-tchong-pa. *29 novembre.*

Au départ, un vieillard, assez peu chinois de figure, nous dit qu'une mission française se trouve à courte distance. Nous y volons dans l'espoir cynique d'y boire un verre de vin,

mais, hélas! la mission est déserte et le
prêtre, d'ailleurs absent, est un prêtre chinois.
Nous nous en consolons par une dure et
longue escalade sur des lacets boueux, caillouteux ou rocheux. La descente, peu facile, se
fait devant un paysage magnifique : des mou-
tonnements de montagnes aux lignes souples,
embués par le soleil couchant; un pic en acco-
lade les domine. Tout près de nous, sur le
haut d'un petit monticule, un khaki extraordinaire se détache contre le ciel bleu laqué.
Cet arbre m'enchante aussitôt.

Il a perdu ses feuilles, mais il garde tous
ses fruits. Il est très noir, tourmenté comme
un cep, contourné, retordu. Ses fruits sont de
beaux khakis rouges, plus rouges que l'orange,
plus jaune que le corail, plein d'un suc savou-
reux, pleins de lumière aussi, charnus et
chauds.

L'arbre est sec.

Son écorce semble la peau d'un serpent. —
Oui, l'on dirait d'un grand serpent bifurqué,
végétal et nombreux, incrusté de pierreries...

Mais que le tronc de cet arbre est donc noir!
Quel arbre pour se pendre!...

Quand viendra l'heure de mon prochain
suicide, voilà bien l'arbre que je choisirai!
Pendu à cette charbonneuse et bizarre branche (cette branche, voyez! qui s'incline vers
l'ouest), je me balancerai contre le ciel mauve
d'un beau crépuscule et, pour que les oiseaux
puissent mieux se repaître de ma chair et s'en
régaler à loisir, les fruits rouges les éclaire-
ront, encore suintants de soleil.

Le crépuscule est d'ailleurs d'une délicatesse
merveilleuse. Tout au fond de ce paysage vertical, rose et gris, le lacet vert émeraude du
Tao-ho fait ses détours. Nous l'atteignons une
heure plus tard, mais ne trouvons aucune
maison sur sa berge obscure. On pousse plus
avant. Ce chemin en corniche, où l'on n'y
voit goutte, est un joli casse-cou. Les falaises
nous couvrent d'ombre. Notre marche prudente, le hennissement brusque des chevaux,
la nuit qui nous surveille, le torrent qui
gronde, tout cela me donne soudain l'im-

pression ridicule que je traverse un roman-feuilleton.

Nous mettons enfin pied à terre, devant une maison en ruines, pour attendre les muletiers. Ils tardent beaucoup. Ils arrivent enfin, marchant d'un bon pas, ne s'arrêtant plus, annonçant que Kao-tchong-pa est à cinq lis seulement et que nous y trouverons une somptueuse auberge. — On repart, suivant la rivière aux gorges étroites, dans une aube de lune inoubliable, point trop fraîche, dont la clarté se reflète sur le versant des monts qui s'illumine en bleu pâle.

L'auberge où nous arrivons est fort grande, je l'accorde, et suffisamment propre, mais nous y sommes rejoints par une nouvelle désastreuse : la mule de tête est tombée dans le précipice, emportant un de nos lits et notre bibliothèque de voyage.

Deux heures plus tard, nous rendons grâce aux dieux, à tous les dieux sans distinction : la mule et le bât sont seuls endommagés. Le reste est sauf.

Yuan-san-tzeu.   *30 novembre.*

Toujours cette route en corniche, avec de très mauvais passages glissants, mais plus large et plus facile qu'hier. Nous longeons d'abord la rive gauche du Tao-ho dont l'eau rapide chante, se répand, se resserre, semble rouler sur elle-même et rejaillit, puis au village de Kin-tcheou, nous en traversons le cours, tranquille à cet endroit, sur un bac léger. La route reprend, toute pareille. Le paysage délicat, riant, couvert d'une brume d'or, est d'une douceur parfaite qui repose les yeux. Peu à peu la rivière se calme. On voit passer des radeaux lourdement chargés. Nous nous sentons comme engourdis par ce charme continu, et plus las que de coutume. Nous n'avons point fait effort, aujourd'hui ; cela nous manque.

Pai-che-pou.   *1ᵉʳ décembre.*

Nous n'étions pas partis depuis longtemps,
que Yang découvrait, sur la rivière, une petite
jonque dont le patron semble un brave homme. Il nous la louera pour trois taëls payés
sur l'heure. On s'embarque. Les chevaux et
les mules suivront le chemin de halage ou
telle autre route qui les mènerait plus facilement à l'étape fixée. Nous sommes emportés,
aussitôt, d'un train fou qui donne une ivresse
légère. Voici des rapides. Le bateau frémit,
s'élance, glisse et tournoie, sous ses deux immenses avirons de tête et de queue, et nous
crions de plaisir. Puis le bateau court sur
son aire, dans une onde assagie. Navigation
exquise, surprenante, à tout instant, et d'une
belle audace tranquille, vraiment chinoise,
quand nous passons, défilant à dix nœuds, sur
des cailloux à peine lavés. Le paysage se met
de la partie pour que notre émotion soit

complète : des berges fantasques, des gorges
droites, d'où quelques arbres poussent horizontalement, mille couleurs, mille chansons des
eaux, une brise, la plus douce du monde.

Nous arrivons à Pai-che-pou vers deux heures. La route fut terrible pour les chevaux et
les mules qui nous rejoignent au crépuscule,
fourbus.

Tchong-pa.   *2 décembre.*

Ce temps très doux, cette lumière diffuse,
cette grisaille conviennent fort bien au voyage
facile que nous faisons. Les courbes des rapides sont plus molles qu'elles n'étaient hier ;
nulle falaise, nul rocher aigu pour accentuer
le pittoresque du paysage. Les berges s'écar-
tent, les montagnes s'éloignent, les choses
prennent une apparence paisible, toute nouvelle à nos yeux : les arbres, contournés, hier,
n'offrent plus rien de dramatique. Des verdures
agréables, des tapis d'herbe fraîche, de riants

bosquets (j'allais dire : bocages) reposent le regard, et Tchong-pa, ville aux rues pavées, où nous nous arrêtons, semble très hospitalière.

La tombée du jour fut agréable.

Le ciel s'est composé, ce soir, tout en lavande pour un merveilleux crépuscule. Le dôme du ciel est lavande, ses bords sont mauves ; lavande aussi est la couleur des montagnes qui nous entourent. Nous nous asseyons sur les pierres du remblai, chaudes encore, d'un champ. Nous regarderons le détail et les grands traits du paysage, sans bouger, jusqu'à la nuit close. — Vénus se lève et, comme par rivalité, des lucioles mobiles et délicieuses qui, dans l'herbe, vont s'éteindre et, soudain, se rallument dans l'air, pour dessiner leurs arabesques. Les têtes des sorgos se profilent en noir. A quelques pas, un peu de fumée tordue monte d'un tas de cendre. La nuit s'étend. Tout est lavande encore, mais tout se fonce. Les clochettes d'un convoi de mules, qui tintaient si pur, se perdent peu à peu ; bientôt nous ne les entendrons plus (adieu !) Seule persiste, claire et dirait-on de velours, la chanson que fait le marteau d'un maréchal-ferrant. Avec la nuit, les montagnes se rapprochent, la nuit devient plus étroite, la nuit nous enveloppe.

Mien-tcheou.   *3 décembre.*

Aujourd'hui, plus de montagnes, nous naviguons entre des berges rases. Le Tao-ho, devenu le Fou-kiang, s'étale, se ralentit. Ses rapides, toujours nombreux, présentent une nouvelle allure : ce n'est plus un torrent qui se déroule, se détord et se reprend, soudain, pour rejaillir d'un seul bond, mais une nappe largement versée sur des galets polis, une fuite d'eau verte qui se divise, parfois, en mille petites cascades et se calme aussitôt. Suspendu à petite hauteur, on revoit alors, sans ressauts ni trous, le fond, comme une plage sur laquelle on glisserait.

Nous nous amarrons à la tête d'un rapide pour laisser passer une jonque qui remonte.

Vingt hommes la traînent. Ils chantent la plus singulière des mélopées, composée, d'abord, d'une lente, longue et lugubre plainte, puis d'une succession de hoquets pressés, fiévreux, pareils à des essoufflements. Ce chant, on le comparerait au cours même de l'eau, toute tranquille, un temps, et que viennent hacher de courtes cascades inattendues. Enfin, le dernier des haleurs ne chante pas : d'une voix de fausset, aigre et haute, il piaille de très folles arabesques, en dehors du chant principal ; ce sont là des fantaisies, des fleurs, des agréments, presque des plaisanteries, tant cette voix semble ironique. — La corde que ces vingt hommes tirent est branchée, de sorte que la troupe des haleurs attelés à la jonque nous offre l'image d'un chœur mélodieux de nains (dont le dernier bouffonne) traînant, par une toile d'araignée distendue, un gros insecte aquatique, bien plat, bien noir.

La jonque a passé ; nous repartons. — L'arrivée à Mien-tcheou, comme tombe le jour, nous réserve une surprise. Mien-tcheou est

FIG. 14. — Un pont sur le Hei-chouei.

26 novembre.

FIG. 15. — Dans les rapides du Ta-ho.

1er décembre.

un bourg ‘d’importance. Nous y trouvons un quai pour amarrer notre jonque, des magasins, des pâtisseries et jusqu’à des façons de cafés, *mirabile visu!* La foule nous amuse, après ces jours de solitude ; il nous plaît de revoir des lanternes, de réentendre le bruit incessant des voix, d’être dévisagés par les passants, de fréquenter’ les boutiques où l’on s’imagine toujours que va se faire l’invention d’un beau trésor, et surtout il nous plaît de marcher vite, sur ces larges dalles lisses et carrées, sans craindre, à chaque pas, de nous rompre le cou.

Lo-kiang-hien.   *4 décembre.*

Le temps est couvert, brumeux, un peu froid. On dirait que les jours gris et les jours bleus alternent. Nous traversons, à cheval, une plaine onduleuse, au milieu des rizières dont le miroir double la coupole du ciel. Le sentier, dallé proprement, surplombe la terre environ-

nante. Huileuse, pleine de richesse, intense
par ses tons bruns et de sépia, celle-ci semble
prête à dégorger toute sa sève. C'est la troisième récolte de l'année qui va poindre.

Au sortir de Mien-tcheou, nous traversons
un affluent du Fou-kiang, sorte de canal plus
calme. Tout le pays est bien irrigué, bien
drainé. Les chevaux trottent aisément, sur cet
étroit et long chemin, un peu surélevé : serpent jaune et vert, immense, à vertèbres plates.

Nous passons, à six lis de Lo-kiang, sur deux
ponts dont la conception est fort belle. Seize
piles, en forme de nefs, supportent, chacune,
un dragon déroulé horizontalement, tout droit.
La tête, bout au courant, et la queue, très tra-
pue, dépassent et s'équilibrent. Sur l'échine
plane, reposent, au lieu des arches attendues,
d'énormes dalles rectangulaires. Vu d'en des-
sus, ou bien obliquement, l'effet de ce pont est
superbe, avec les seize têtes fantastiques et bes-
tiales, qui fixent les lointains de leurs yeux de
pierre.

Les stèles, par contre, qui bordent la route,

sont grossières et peinturlurées. Les toits, aux
coins en sabot, les faîtes arrondis, les lignes
folles de tout cela nous rappellent, à chaque
instant, que nous sommes dans une autre
Chine, mais l'aspect de Lo-kian-hien est agréable, car ses rues sont bordées de beaux yamens
pleins d'arbres et de fleurs.

Han-tcheou.   *5 décembre.*

Toujours cette plaine étendue que la route
traverse, toujours ce pays noyé, coupé de ban-
des rouges, ce marécage fertile, ces eaux mortes où les prochaines moissons affleurent, ce
miroir lumineux des nuées de l'azur. Que l'on
sent bien la richesse de cette terre, sous sa
pellicule humide! ces bruns, ces marrons, ces
ocres chauds, ces tons de miel et d'ambre,
quelle opulence! et ces carrés d'onde bleue,
sertis comme des vitres, où pointe, parfois,
une mince et naïve tige, où se dressent une
stèle verdie, quelque petit arbre baroque, le

plumet laineux d'un bouquet de joncs... ces carrés d'onde, quelle limpidité !

Dans les profondeurs des glaces couchées, je regarde un orage qui monte à l'horizon. Le vaste nuage est encore pénétré de jour ; brillant et monstrueux, il rampe sur le sol ; maintenant, il s'alourdit, il noircit, on dirait qu'il se concentre ; il passe la frontière d'un champ, puis d'un autre ; le voici qui bouche une des vitres bleues ; il va crever. C'est l'averse : tout le paysage crépite et tous mes beaux miroirs sont ternis. Ne nous arrêtons pas : l'orage sera court ; la pluie faiblit déjà. Une brise m'apporte quelques parfums d'humus frais. Soudain, un éclat réfléchi de lumière m'aveugle, qui jaillit de terre, à quelques pas. Le soleil se délivre.

Trottons allégrement sur le bord de la route et regardons les amusantes silhouettes que nous croisons, à chaque instant. Ici, le transport se fait surtout, par des porteurs ou des brouettes basses, à roue pleine, sur lesquelles reposent des femmes et de gros hommes, assis

en arrière, la roue entre les jambes, plus ridicules et plus graves qu'ils ne seraient en
rickshaw. Leur direction est assurée par une
rigole que la roue a usée au milieu du chemin
dallé. Je vois aussi de petits poneys, dont l'air
guilleret me plaît beaucoup, et des mules qui
font tinter leurs clochettes.

Après la pluie, une buée grise et bleue s'est
levée sur les champs d'alentour. Les teintes du
paysage s'affinent, gagnent en délicatesse, en
subtilité ; les ombres, d'une douceur extrême,
s'éclairent plus tendrement, semble-t-il. Tout
s'exagère aussi, tout s'amplifie, à travers le
léger brouillard. Au coin d'un petit bois, à
ma gauche, ce buffle m'apparaît vraiment
démesuré. Il est noir, d'un noir de suie. Un
enfant, vêtu de bleu, est assis, à califourchon,
sur sa croupe, dans la position classique de
Lao-tzeu. D'une main, il tient la javeline rigide
et longue, pointée de fer, qui lui sert d'ai-
guillon (sceptre baissé, pourrait-on croire, ou
bâton de commandement), et, de l'autre, le
bout d'une corde liée à l'anneau qui passe dans

les naseaux du buffle. L'enfant et la bête restent immobiles, statue étrange, groupe géant
au centre de ce paysage, plat jusqu'à l'horizon
et qui fume doucement.

Tcheng-tou.   *10 décembre.*

Le sort vient de nous accorder des faveurs
nouvelles, sous une forme inattendue. Nous
espérions bien trouver, à Tcheng-tou, les charmes divers d'une grande ville chinoise et quelques-unes de ses étrangetés, mais nous ne
pensions guère y rencontrer un homme qui,
sous peu, deviendrait notre ami, et cependant,
à peine avions-nous reçu, trois jours durant,
l'hospitalité cordiale et large du consul général
de France, que Tcheng-tou, ville chinoise,
perdait beaucoup de son intérêt. Nous ne son-
gions plus à nous promener, par rues, traver-
ses et ruelles, en quête d'un trait de mœurs
curieux, d'une couleur point encore goûtée,

d'un objet rare ou d'un détail biscornu d'architecture : la conversation de notre hôte suffisait pleinement, à combler l'heure.

Au cours d'un voyage, deux amis en viennent bientôt, quand, de l'aube à la nuit, ils ne se quittent pas, à connaître trop exactement les pensées qui les animent, les sensations qu'ils partagent et jusqu'au langage qu'ils parlent, avec ses intonations et ses manies ; quelle délicieuse nouveauté que d'entendre une voix française, d'un timbre surprenant, s'exprimer de façon inédite, joindre les mots de ses phrases suivant une dialectique spéciale et des habitudes que l'on ne soupçonne pas, commencer un raisonnement sans que l'on en prévoie la fin, juger un fait, une œuvre, un paysage, comme on ne comptait pas les juger soi-même, se montrer, en un mot, original et singulier. — Nous ressentons une très vive impression d'exotisme à considérer ainsi cet être stupéfiant qui nous paraît plus étranger, mille fois, dans le moment, qu'un sultan de Malaisie, mais qui nous eût été,

sans doute, fraternel, il y a quelques mois, et
nous le deviendra peut-être, dans quelques
jours.

Qu'il est plaisant, le son liquide du parler
de France ! — Voici que j'éprouve le tout premier regret du pays et c'est à écouter un homme
de haute culture qui me rappelle des modes
de l'esprit et du cœur, une nature aux aspects
familiers, des traditions, enfin, dont je me
suis détaché avec tant de joie !... Souvenir de
la fraîcheur du soir sur une terrasse en Pro-
vence, quand monte le parfum des roses, ou,
par les jours de grand vent, souvenir de ce
bruit d'ondes tourmentées que fait le bois de
pins, à gauche... Souvenir d'un instant de nuit
neigeuse, à Paris, quand, par volonté subite,
je m'arrêtais (comment expliquer cela ?) de
vivre... d'entendre, veux-je dire, de rêver, de
souffrir, pour goûter pieusement le bienfait du
silence dans cette pièce close où la lumière se
divise en pénombre, parmi les tentures, et dessine, sur ma table et ses livres, un cercle clair.

— Minute précieuse !... Je me crois enfermé

dans une cellule magique dont le destin a
perdu la clef.

Cet éclat de gong qui se prolonge comme
une déchirure !...

Ah !... nous sommes en Chine !

Tcheng-tou.   *12 décembre.*

« Je ne vous comprends pas ! nous dit le
consul général ! Vous êtes, en vérité, des gens
bien étranges ! »

Segalen lève le nez :

« Qu'avons-nous donc qui nous singularise
à ce point, cher Monsieur?

— Ceci, tout simplement : vous vivez en
bonne harmonie, sans disputes, sans boude-
ries, sans coups de gueule !

— Mais pourquoi se quereller? grands dieux !
demandai-je à mon tour; on ne se rend pas
en Chine, que je sache, afin d'y chercher des
motifs de discorde !

— Comme on voit, répond le consul d'un

air triste, que vous en êtes à votre premier
long voyage ! Voici près de sept ans que je
n'ai pas quitté Tcheng-tou et vous pensez bien
que j'y ai vu passer plus d'un voyageur : cette
ville ne figure pas le bout du monde ! Or, neuf
fois sur dix, un spectacle pareil me fut offert.
— Ils ont quitté la France, l'âme joyeuse, ne
songeant qu'à parcourir, de conserve, la vaste
Chine. Le même rêve les ravit ; la même ambition les pousse ; jamais ils ne se quitteront ;
ils se sentent vraiment frères. Quelques mois
plus tard, je les reçois ici. Qu'ils ont changé !
Ils vivent, l'un en face de l'autre, sans presque
ouvrir la bouche ; ils ne savent pas se regarder
sans colère ; tout, une intonation, un geste, le
moindre accident provoque l'explosion. Alors
ils se querellent, âprement, avec de grands
éclats de voix et, si blessante que soit leur dernière parole, ces bouches haineuses semblent
toujours en retenir une, qui sera pire. Ils dé-
terrent de vieux cadavres, raniment des disputes mortes, grattent leurs plaies pour en
souffrir mieux, et ce seul fait qu'ils sont mes

hôtes les empêche de cacher un revolver sous leur serviette. S'ils rencontrent un tiers, chacun, à son tour, l'entraîne et déverse sur son compagnon un flot d'infamies médiocres et puantes. Le jour du départ, ils se réconcilient, les lèvres serrées, les mains nerveuses. Il le faut, puisqu'ils doivent encore voyager ensemble! — Et je n'exagère pas, je vous le jure! J'en ai trop vu! »

Un instant, nous ne disons rien, un peu émus par le ton violent du consul, puis je prends le parti de plaisanter.

« Sur l'honneur, cher Monsieur! nous n'avons eu, Segalen et moi, que deux querelles, l'une motivée par la fantaisie qui me poussait à vouloir faire de la voltige, près de Lan-tcheou, sur le bord d'un précipice (mon compagnon en profita pour me tenir des propos qui manquaient de courtoisie); l'autre qui eut sa source dans une déclaration de Segalen où je crus entendre qu'il n'admirait pas suffisamment un tableau dont je rappelais le souvenir : une toile, d'attribution incertaine, du musée d'Amsterdam. Je crois, à ce sujet, l'avoir traité de béotien et nous disputâmes d'esthétique, une heure durant, sur le ton le plus aigre. Nous en oubliâmes de contempler le paysage! »

Le consul sourit, puis :

« C'est une terrible chose, reprit-il, que de voyager à deux ! La route dépouille son homme, comme une cave le vin jeune, mais notre cœur ne s'améliore pas toujours en déposant sa lie ! Croyez-moi ! il faut bien se connaître pour être compagnons dans une longue randonnée !

— Nous nous connaissons bien », dit Segalen.

Tcheng-tou.   *13 décembre.*

Ce matin, Yang, notre interprète, est venu nous proposer toute une série de peintures chinoises, brochées en paravent, sous une étoffe encadrée de bois. Nous en fîmes l'emplette aussitôt. Cela forme un roman, dont le texte, dessiné d'un élégant pinceau, est en appendice aux illustrations.

Ah! que l'on garde longtemps le goût des livres d'images! Celles qui me plaisent, aujourd'hui, ne sont point celles qui me ravissaient naguère, mais ma passion pour elles n'a pas diminué. En regarder quelques-unes m'enchante. Devant cet album nouveau, je me retrouve petit garçon. — Je ne puis déchiffrer l'histoire; voilà qui est de toute évidence : comme jadis, je ne sais pas lire. Comme jadis, il me reste, néanmoins, la joie de l'imaginer, cette histoire mystérieuse, compliquée, pleine d'accidents, d'incidents, de meurtres et de reconnaissances. — Que fait la jeune fille rose dans le jardin vert? Pourquoi l'homme rouge se courrouce-t-il si fort? Que signifie la fuite, à bride abattue, de ces deux guerriers en armure! La prière de la jeune fille, devant le Buddha pourpre, sera-t-elle exaucée? Le cheval blanc, près de la cascade, appartient-il à l'homme noir? et, plus loin, la jeune fille rose parviendra-t-elle à franchir le mur coiffé de tuiles jaunes, derrière lequel un bel adolescent s'impatiente, une fleur à la main?

Mille autres questions se posent. Les résoudre séparément paraît facile ; lier entre elles
ces légendes l'est moins. J'y parviendrai, d'ailleurs, en m'exerçant avec patience et sans trop
d'esprit critique ; je feuilleterai, jusqu'à la nuit,
le beau conte traitant d'amour et d'aventures,
si délicat, si coloré, si fantaisiste, que nous
achetâmes à si bon compte, et Segalen, penché
sur mon épaule, me proposera, de temps en
temps, quelque solution imprévue de ce long
rébus composé d'images romanesques.

Tcheng-tou.   *14 décembre.*

Le consul général joue parfois, ici, le rôle de
juge, et je ne puis qu'admirer la finesse chinoise de ses arrêts. Les différends qui lui sont
soumis me rendraient perplexes. Lui s'en tire
avec une merveilleuse élégance.

Houang vient se plaindre de Tso, son fils
adoptif, qui lui a volé six dollars. Il le sait par
Fong, ami de Tso. Or, Fong, s'il n'a pas aidé

au vol, l'a, pour le moins, conseillé. Il l'a même facilité en engageant Houang à confier son argent à Tso, dont il lui vanta la parfaite honnêteté. Pour trouver le voleur, il demande maintenant quatre dollars à Houang. Heureux de retrouver deux dollars sur la somme qu'il pensait avoir perdue en entier et pour toujours, Houang a accepté ce marché devant témoins. — D'autre part, des six dollars volés, Tso a dépensé un demi-dollar en offrandes amoureuses et a donné trois dollars à Fong, pour le remercier de l'aide fructueuse qu'il en reçut. Il a placé les deux dollars et demi restants à gros intérêt. Aujourd'hui, Fong ne veut plus payer à Houang les quatre dollars qu'il lui a promis. — De là, tout le débat.

Le consul général vient de débrouiller la chose, de façon à satisfaire chaque partie. Il a divisé la somme en fractions dont j'oublie le compte exact, mais, quand il propose à Houang de faire retirer les deux dollars et demi placés, Houang refuse net, disant que cet argent-là a plus de valeur que de l'argent rendu. Il finit même par confier à Tso, le voleur, cinq dollars de plus, afin qu'il les fasse fructifier de façon pareille. Et chacun s'en va content.

« Vous voyez, déclare le Salomon de Tcheng-tou, c'est tout simple! »

Tcheng-tou.   *Même jour.*

« Eh! oui! nous dit le consul général, demain, je serai seul, de nouveau, dans cette grande baraque que votre présence vivifiait et cela me fait une très lourde peine, car il me semble vous connaître tous les deux depuis dix ans... et plus. — Connaissez-vous cette phrase de George Sand? je l'ai apprise par cœur, tant elle me paraît juste :

« Il y a des amitiés qui viennent tard dans la vie, et qui prennent, tout de suite, la place qu'elles doivent prendre, parce qu'elles sont de choix et de convenance réciproques. Il faut donc les pousser vite à leur état normal pour

FIG. 16. — L'entrée souterraine d'O-mei-chan.

21 décembre.

réparer le temps perdu, comme dirait Montaigne en parlant de La Boëtie...

« N'oubliez pas ces paroles de la Dame de Nohant : elles sont pleines de sagesse... et, maintenant, au revoir.

— Au revoir, cher ami ! »

Nous lui serrons la main avec émotion, car c'est vraiment un ami que nous quittons, aujourd'hui.

Kia-ting.   *18 décembre.*

A demi-nus, les hommes de notre équipage tirent et poussent la godille. Ils chantent, ils hurlent plutôt un chant syncopé, brutal, assez tragique. Cela fait penser à des cris de nègres ou, mieux, à la clameur d'un bagne. Parfois, un souffle dyonisiaque les anime. Alors, sous l'excitation de l'un deux, ces hommes se mettent à hurler plus fort, à trépigner, à bondir étrangement sans, pour cela, quitter la godille des mains. Ils se démènent, gesticulent, toujours liés à cette barre de bois. On dirait qu'ils souffrent. Cela donne une idée des enfers buddhiques. Par un crépuscule un peu sombre, ils sont vraiment effrayants. A l'avant de la jonque, on allume un feu pour le repas de riz et, contre l'écran déjà noir du paysage qui se couvre d'ombre, brusquement dessinés en profil par le foyer qui les éclaire, qui brasille et qui flambe de temps à autre, ces diables jaunes font leurs bondissements.

O-mei-chan.　　　　　　　　　*20 décembre.*

Je ne prends presque plus de notes, depuis quelques jours. On se lasse d'inscrire, chaque soir, ses impressions, quand une jonque vous emporte, paisiblement, au fil de l'eau. Le long des rivières chinoises, j'ai retrouvé ma paresse d'Europe. Pourquoi faire effort? pourquoi tirer de ma poche le petit carnet sur les pages duquel je confessais mes joies quotidiennes, mes contrariétés, mes ivresses ou mes ennuis? Cela pouvait m'intéresser lorsque, la nuit déjà close, nous arrivions à l'étape, brisés de fatigue et la tête secouée, mais aujourd'hui les conditions sont tout autres : nous nous reposons, de l'aube au crépuscule, et pour admirable que soit encore le paysage (ce paysage fantaisiste et varié qui semble s'écouler en sens inverse d'un immobile cours d'eau), je n'éprouve nul désir de chanter ses louanges : le regarder me suffit, en jouir me comble d'aise, en parler serait superflu.

Si je reprends mon crayon, ce soir, c'est que nous avons quitté le fleuve. Il fallait connaître le sanctuaire d'O-mei-chan où tant de pèlerins buddhistes viennent, et de si loin, se prosterner, prier, faire leurs dévotions. Nous voici parvenus au sommet; ma fatigue me donne à nouveau le courage d'écrire.

L'heure est tardive. Présentement, je me chauffe, avec nos gens, autour d'un brasero, dans une des vastes pièces du monastère. Quelques moines nous tiennent compagnie.

On cause. Je n'entends, hélas! pas assez le chinois pour suivre leur causerie que de nombreux gestes animent. De quoi parlent donc ces gens, avec tant de fièvre, une verbosité si abondante et mille grimaces? Je tâche à me figurer le discours de l'un deux. Sans doute décrit-il notre voyage, la terre rouge et les rizières boueuses sur lesquelles volent et se posent de délicieux oiseaux gris; puis, cette dernière ascension si dure et que nous fîmes prestement, l'escalier extraordinaire aux marches inégales, bordé de sapins et de bambous, les crevasses soudaines qui laissent voir un gouffre, le fracas des torrents, le gémissement des arbres, l'entrée, enfin, dans la vraie forêt septentrionale avec ses colonnades de pins noirs surgis du tapis de neige, — et le silence de tout cela. Oui, le silence, surtout, cette rareté en Chine. Les porteurs en doivent bien sentir le prix, eux qui vivent dans un hurlement continuel! Tant d'autres choses encore : la si lugubre voix du vent parmi les branches, les bêtes qui fuient, la chute des glaçons, les craquements, les grincements, les longs déchirements qui disent la blessure du bois et sa souffrance; notre fatigue à tous; ce grand nuage blanc qui vient sur nous, qui se glisse, qui se défait contre les rameaux, qui s'effiloque et que suit un second nuage, et celui-ci, plus lourd, qui nous enveloppe, à travers lequel nous marchons et duquel nous sortons, tout à coup, en atteignant le sommet, pour être éblouis de nouveau. Oh! le paysage invraisemblable! cette houle pâle sous nos pieds; tout au loin, le profil strict et parfait des montagnes du Tibet, surgissant comme des îlots sombres; enfin, pour glorifier cela, l'admirable coucher d'un soleil rouge, éclaboussant autour de lui du sang clair et sombrant avec gloire dans le vaste floconnement qui l'ensevelit, — puis la grande ombre soudaine!

C'est de ces choses, sans doute, que doivent parler nos porteurs, pressés autour du brasero; mais un éclat de rire les secoue, auquel se joint celui des moines, et je comprends, à un geste du conteur, qu'il décrit, avec cette fièvre et tout ce flux de paroles, la façon dont j'ai crevé mon soulier gauche.

O-mei-chan.   *21 décembre.*

Voici le temple, et nous sommes déçus.

Ce qu'il pourrait être : l'admirable tour d'ivoire loin des passions humaines; ce qu'il est : un sanctuaire civil, uniquement civil, qui garde encore quelques restes de beauté. Cependant, que de vilaines choses on y voit, et que de vilaines gens! Ces moines, déguenillés et vermineux, ont des airs d'esclave; celui-ci, un peu moins sale, peut-être, a la figure infâme d'un séminariste d'Octave Mirbeau.

Visitons, dans ce hangar de gauche, l'atelier des dieux. Pour une Couanine (sans tête encore) dont le geste sera plein d'indulgence, combien d'affreux Poussahs au nombril fleuri, à la face ouverte d'un large et stupide rire! combien de Buddhas, grotesques par l'attitude et la couleur, qui trônent bêtement sur des sièges

compliqués, avec des allures de bourgeois enri-
chis ! Et ce Buddha de stuc, couché dans un lit,
sous une courte-pointe en coton sale, imprimé
de petites fleurs, quelle invention abominable !

Cependant, le temple est plein de trésors,
de trésors cachés inutilement et avec maladresse. Ce colossal éléphant de bronze qui devrait être placé sur le haut d'un mont et qui
dominerait si bien le paysage d'alentour, pourquoi l'avoir enseveli sous des superstructures
bizarres, en bois pourri, qui l'écrasent, qui le
ridiculisent? Croit-on que les deux tigres
moustachus, gardiens de sa tanière (la tanière
de l'éléphant !) lui fassent honneur?

Je ne découvre, parmi toutes ces sculptures,
qu'une seule « chose de beauté », un Buddha
en albâtre, assis, les jambes croisées, non point
l'une sur l'autre, mais l'une *dans* l'autre. Ses
bras mous et féminins pendent le long du
corps, un sourire d'une volupté singulière en-
tr'ouvre ses lèvres dorées et il y a de l'ironie
dans son regard. Malgré son air d'androgyne,
il est vraiment le maître de ce lieu.

Nous rentrons dans la grande salle du temple, pleine de la fumée de mille petits bâtonnets odorants et qui résonne du bruit des gongs et des claquettes. Ici et là, des poules picorent; un coq se promène fièrement devant elles et se pavane. Les Chinois font leurs dévotions avec une indifférence affairée; ils bousculent quelques Tibétains, adorateurs pauvres, vêtus de peaux de bêtes, gens de peu, que l'on méprise ouvertement. Parmi ceux-ci, une femme me séduit par son expression à la fois cruelle et traquée, par son teint sombre et chaud, par les lourds bijoux d'argent qu'elle porte aux doigts, par la noblesse, surtout, de son allure. Ah! le beau regard sensuel, direct et rapide! — Au milieu de la foule, un petit enfant joue avec des fruits, il est propre, il paraît sage, il semble venir d'ailleurs.

Lou-tcheou.   *28 décembre.*

Hier, nous avions mouillé au confluent d'une petite rivière dont j'oublie le nom. Notre jonque était amarrée à quelques brasses du chemin de halage. Des rochers rouges surplombaient, très sourcilleux, menaçants et froncés. Une lune échancrée, couleur d'ambre, éclairait des bouquets d'arbres au feuillage nombreux, et l'on voyait, sur le bord de l'eau, un grand éboulis de pierres, qui faisait rêver de cataclysmes préhistoriques. Autour de nous, le fleuve murmurait, quelques oiseaux se plaignaient, parfois, d'une voix douce et triste... L'heure avait un parfum délicieux.

Je fumais nonchalamment et songeais aux mille et un fantômes que le soir apporte toujours avec lui, quand je vis s'approcher, à petits pas, l'épouse du *laopann*, du patron de la jonque. Madame la laopann est une enfant charmante, mais paresseuse, et, pour avoir

posé sa pipe où toujours brûle un tabac nau-
séabond, pour qu'elle se dérangeât jusqu'à
s'entretenir avec moi, « barbare d'Occident »,
il fallait que le cas fût grave. A sa figure, à
ses paroles hachées, je compris qu'il l'était en
effet. — Elle avait peur! peur des brigands!
ils hantaient les rives, elle le savait! Assurément, et cette nuit même, ils prendraient notre
jonque à l'abordage, ils nous couperaient le
cou! — Elle en tremblait déjà. — Comme la
bravoure ne fut jamais sa vertu dominante, je
la laissai dire et continuai de fumer, mais,
quelques instants plus tard, Tchang vint me parler à son tour. On avait eu grand tort, disait-il,
de mouiller à cet endroit. Contre la falaise,
une vieille inscription avertissait les voyageurs
que le mandarin de Ting-Yuan décline toute
responsabilité pour ceux qui s'amarrent là.

Le danger semblait donc réel. — Je fis appeler les satellites. Eux aussi avaient eu peur
des brigands, au point de chercher refuge dans
un village voisin où, d'ailleurs, ils espéraient
se payer une nuit joyeuse.

« Soit! me dis-je. Nous nous passerons d'eux, mais, demain, je les ferai battre : trente coups bien appliqués à chacun ».

Et, soudain, je me mis à rire, car ces feux, ces rumeurs, au bord de l'eau... n'était-ce pas l'ennemi? J'envoyai Tchang s'en assurer. Je ne me tenais pas de joie. L'idée d'être attaqué par des brigands me ravissait. — Je vis Tchang s'approcher d'eux et leur parler sans qu'on l'inquiétât. Il regagna la jonque, bientôt après, et, d'une voix mal assurée, me confirma ses prévisions les plus sombres.

Il me dit que les brigands avaient coutume de procéder ainsi. Ils montent à bord quand tout le monde sommeille. Ils attachent, par la natte, les hommes de l'équipage. En cas de résistance, ils les bâtonnent. Ils se retirent enfin, après avoir tout dévalisé, sans tumulte, sans effusion de sang. — Tuer est un geste inutile.

Mais qui leur avait appris notre passage? — Le patron me renseigne. Tchang est allé, la veille au soir, changer dix taëls dans le bourg voisin. De ce change, tout découle. Si riches, nous devons être des Excellences de choix, de très grands *ta-jen*. On escompte une bonne prise.

Vraiment, ils ne se cachent guère. Je les vois, portant des lanternes, de belles citrouilles pourpres et lumineuses, et des paniers aussi, pour emballer le butin, car le Chinois, toujours prévoyant et soigneux, aime travailler proprement. — Le temps passe, ils vont et viennent, agitant des torches de bambou et de vieux fusils inoffensifs, rouillés, ridicules, des fusils d'opérette. Bientôt, ils tirent quelques pétards, poussent des cris de guignol, font des menaces qui se terminent en vociférations. Parfois, l'un d'eux vient jusqu'au bord de l'eau et m'adresse un long discours. Je ne sais plus à quoi m'en tenir : est-ce un chant de l'*Iliade* que me rappellent ces brigands beaux parleurs, une scène de M. d'Ennery, ou un refrain d'Offenbach? À coup sûr, le danger n'est pas grand, mais je donne, pourtant, l'ordre qu'on veille, cette nuit. Le *laopann* cesse, un instant, de nettoyer sa petite lampe, salue très bas, et, sans oublier

les marques de respect dues au *ta-jen*, me fait
sentir, avec ménagement, tout ce que ma pro-
position (pleine de sagesse, il n'en doute pas)
offre néanmoins d'insensé. On ne peut rester,
toute une nuit, sans dormir, à moins que l'on
ne fume; d'autre part, si l'on fume, se déran-
ger devient insupportable... C'est évidemment
une manière de voir. Je n'insiste pas, et, me
servant des armes de l'ennemi, je charge
Tchang de dire aux brigands, avec toute la
pompe désirable, en phrases nobles et sonóres;
que le *ta-jen* possède de terribles fusils d'Occident, et que, la veille, il a tué trente-cinq canards.

Une demi-heure passe. Je perds enfin patience et, d'un geste vague qui n'a rien de
meurtrier (oh! croyez-m'en sur parole!) je tire
deux coups de revolver du côté de la rive...
On hésite quelques minutes encore, puis tout
s'éteint et chacun s'en va, paisiblement, dormir.

A cette histoire authentique, il faudra que
j'ajoute quelques péripéties de drame, quelques

flaques de sang, des grimaces, des plaintes gutturales, un tant soit peu de torture, pour en faire une histoire vraisemblable et bonne à raconter.

Ho-Kiang. · · *29 décembre.*

Si je publie jamais ces notes de voyage, comment baptiser leur recueil? Plusieurs titres viennent se proposer; je les chasse tout aussitôt : l'un me semble banal, un autre compliqué, un troisième fut déjà pris... Je m'arrête enfin à celui-ci, dont le seul défaut est la prétention : *Image de la Chine.* J'intitulerai mon livre *Image de la Chine.* Prétentieux, à coup sûr, mais significatif! Cela sonne bien, cela me plaît d'avance, imprimé sur une couverture!

« Mon ami (je me parle à moi-même), tu déraisonnes! *Image de la Chine!* c'est ainsi que l'on eût écrit, jadis : *Miroir du Monde,* livre traitant de toutes les choses que l'on peut connaître... *et quibusdam aliis!* Que ce titre s'humilie, du moins, jusqu'à se mettre au pluriel :

Images de Chine, et nous l'admettrons peut-
être, comme une collection de gravures, un
carton plein de croquis ».

Je l'adopte. C'est entendu. Je décrirai les toits
bizarres des pagodes, les feuillages roux de l'automne, les dragons sculptés, les gens qui passent, leur démarche et ce que je devine de
leurs pensées. Je confesserai leur regard, je
rendrai leur très subtil sourire.

« Ho-là! ho-là! y penses-tu! c'est le travail
de toute une vie que tu entreprends! Que
l'image promise soit une fresque continue ou
une série de petites estampes, peu importe!
Peindre la Chine, ainsi, ne semble pas ton fait.
Tu oublies combien tout est particulier, en ce
pays de contrastes dont le Père Patrice nous
disait qu'il fallait y simuler la folie pour n'y
point devenir fou, ce pays plus vieux et plus
grand que l'Europe, où tout nous étonne,
même la politesse, même la cuisine, où toutes
les habitudes diffèrent des nôtres, depuis les
moindres, jusqu'à celles de l'esprit, du cœur et
de l'Etat ».

Je m'en dirai tant ! — Néanmoins, je regrette mon titre : *Image de la Chine*. Cet empire qui, pour nous, représente un peu l'Extrême-Orient tout entier, combien de fois, en Europe, nous le sommes-nous figuré ! et sous combien de figures diverses ! Offrir de ce *Royaume du Milieu*, de cette *Patrie des fils de Han* et du *Langage fleuri*, de cette *Contrée des Hommes aux Cheveux noirs*, encore une image nouvelle, était-ce donc d'une ambition sans mesure ? Nous avons connu la Chine de Marco-Polo, celle des contes arabes et des légendes, celle du temps de Louis XV, tant d'autres...

Mais, pour achever ce débat, j'intitulerai mon livre, tout modestement : *Ecrit en Chine*.

V

LE RETOUR

Tchong-king.   *1ᵉʳ janvier 1910.*

Cela sent le retour, hélas! et d'une façon bien
pénible. Devant suivre le fleuve, quelque
temps, sur une grande jonque, pour prendre
ensuite des moyens de locomotion tout méca-
niques (oh! la seule idée d'un chemin de fer
me fait horreur!) nous allons vendre nos chevaux. J'ai peu parlé de ces braves bêtes et je
ressens un juste remords de mon oubli. ——
Hen-ssi est un joli poney, courageux et fin,
dont le galop ne cesse pas de plaire, même
après la fatigue résultant de nos dernières
étapes. —— La Brosse, très endurant, porte fière-

ment sa crinière de cob. Il est devenu vicieux et s'accommode mal d'un cavalier à manteau flottant. Il esquisse alors des pas de danse, pittoresques, sans contredit, mais pleins de danger pour qui les contemple de haut. — La Vache, que ses lourdes allures firent ainsi nommer, nous a rendu maint service, malgré son galop furieux qui voudrait secouer la route. — Yong-ma, le cheval mouton, fut borgne quelque temps, puis il guérit ; son humeur, trop pacifique à l'ordinaire, donne je ne sais quoi de ridicule aux ardeurs subites qui, parfois, le secouent. — Léon, grand cheval noir, mince et noble, suscite l'admiration du peuple rassemblé, quand nous traversons les villages. Nous l'avions d'abord appelé Pégase, pour le distinguer de ses compagnons plus vulgaires, mais son caractère se révéla si peu demi-divin, si nettement, si platement bourgeois, que nous le rebaptisâmes : Léon. Nous l'eussions aussi bien nommé Adolphe, Ernest ou Casimir ; toutefois, Léon lui convient à merveille : cela ne préjuge rien et l'on ne peut guère en tirer

gloire. Il s'est claqué dans les gorges du Tao-ho.
Depuis lors, on dirait qu'il marche sur ses
paturons. — Enfin, pour finir, Hong-ma, le
cheval rouge, est un prétentieux carcan, sque-
lettique, méchant comme un âne, qui mord,
qui s'emballe et nous donna mille ennuis.
Il semble toujours se préparer pour un soir
d'Apocalypse. Nous le verrons disparaître sans
regret au lieu que, des autres, nous nous sépa-
rerons avec tristesse.

Bien que ce soit, aujourd'hui, le début de
l'an nouveau, je m'interdis le petit discours
qui, suivant l'usage, devrait trouver, ici même,
sa place. Je n'attends rien de bon de 1910 et je
sais, déjà, que cette année me réserve une
heure mélancolique entre toutes. En y songeant, j'ai le cœur sur l'eau et les dents agacées.
Heure lugubre, heure douloureuse, heure désa-
grégeante, où je verrai surgir de la mer les premières côtes d'Europe!

Tchong-king.   *Même jour*

L'enseigne de vaisseau Lohéac va quitter Tchong-king, après deux ans de séjour que terminèrent quelques semaines d'une assez dure maladie. Je viens de lui rendre visite, à l'hôpital, où les Sœurs l'ont recueilli. Il prépare, sans entrain, son voyage de retour. Nous parlons d'amis communs, nous nous chargeons, l'un l'autre, de commissions diverses; nous fixons même des rendez-vous à Paris, puis la causerie revient à des sujets chinois.

« Avez-vous été contents, nous demande-t-il, de vos domestiques? Pour ma part, j'ai eu comme boy un individu bien étrange. Il remplissait depuis longtemps, chez un Français de Canton, les fonctions de Maître-Jacques. Je le pris à mon service, il y a plus d'un an, et jusque lundi dernier, je n'eus, en somme, qu'à me louer de lui. Il parle, il écrit même le français, il entend l'anglais très passablement, mais ses qualités, qui en font un interprète de prix, ont leurs inconvénients, croyez-moi. Il a voulu se perfectionner, il a voulu connaître notre langue jusqu'en ses finesses, jusqu'en ses subtilités. Il s'est procuré un dictionnaire chinois-français et un petit Larousse de poche, qu'il feuillette à tout instant, comme un bréviaire. Chaque soir, il m'interroge : « Ta-jen, que veut dire ceci? Ta-jen que veut dire cela? » et souvent, il emploie des mots inattendus qui me font sursauter.

« Depuis quelques mois, une jeune adolescente de Tchong-king, point trop laide et à la peau de laquelle j'ai fini par m'habituer, charme mes instants de loisir et sommeille à mes côtés. J'en suis venu à lui porter une certaine affection. Je ne la vois plus aussi jaune. Dans ses yeux bridés, je trouve une expression agréable. Elle me plaît. Ses petits pieds ne me révoltent presque pas.

« Vous le savez, je viens d'être fort malade. Or, il y a trois jours, ayant décidé de partir sous peu, je fis venir ma jeune amie afin de lui offrir quelques cadeaux de rupture. Je voulais, d'autre part, que la rencontre eût lieu avec convenance, au fond du jardin de l'hôpital, loin de ces saintes femmes qui m'avaient si bien soigné; Tcheng, chargé de m'avertir discrètement, dès que la jeune enfant paraîtrait sur la route, s'acquitta de ce devoir comme suit :

« Je causais avec la Mère supérieure. Elle me félicitait de ma prompte guérison et recevait avec bonne grâce les compliments que je lui retournais à ce propos, quand la porte s'ouvrit toute grande et Tcheng parut.

« Ta-jen ! dit-il d'une voix claironnante où sonnaient toutes les syllabes. Ta-jen ! la courtisane va venir incontinent ! »

« Ne vous semble-t-il pas, nous demande Lohéac, qu'il eût mieux fait d'être moins bon linguiste ou de nous faire sentir ses qualités avec moins d'ostentation ? »

Tchong-king.   *2 janvier.*

Vivre un spectacle, c'est ma façon de voyager encore lorsque je me repose, or, sur cette jonque, je me repose tout le long du jour. — Je ne pensais jamais à regarder de près ce jeu de mon esprit, à en apprécier la portée morale. Maintenant, il me vient parfois des remords, après une de ces randonnées où je me laisse prendre par mon esprit en fuite et ne sais plus me dégager du tourbillon. — D'aucuns appellent cela rêver, songer, imaginer... Eh quoi! j'imagine, je rêve et songe tout comme un autre! Non! certes, non! c'est d'une saveur bien plus puissante et d'une valeur morale souvent moindre. C'est toujours une heure perdue et c'est quelquefois une heure criminelle que de s'offrir le théâtre chez soi.

De quoi je parle? — Voici.

J'invente un spectacle où je parais comme acteur. Dans cette pièce, très réelle, tantôt je suis moi-même, tantôt (le plus souvent pour me voir vivre) je suis autrui. — Toujours, la pièce a lieu dans l'avenir. Je lui donne une date : mon retour en France, mon arrivée à Paris. Elle débute par un fait imaginé. Pour le créer, je joue, un instant, le rôle du Destin. Quand j'étais enfant, cela se passait en batailles où un tout jeune général de ma figure étonnait la gloire ! — Sottises connues ! — Mes drames d'aujourd'hui sont des drames intimes. Je ne les dirige presque pas. J'invente seulement la première série, le premier tableau, laissant au mystérieux auteur qui collabore, à mon double, le devoir de continuer. J'ai donné le coup de pouce, indiqué le courant secret (parfois inavoué) de mon désir, puis je rentre dans les coulisses. La pièce a des moments d'héroïsme, de félicité, dont je ne suis plus responsable, me semble-t-il, et la joie que j'éprouve au dénouement, à ce dénouement qui, maintenant, m'est tout à fait étranger, me laisse oublier que l'exorde, dont je fus l'auteur officiel, comprend un crime ou sous-entend la pire trahison.

Oui, mais qu'importe, puisque ce sont là des songeries!

D'accord... Pour n'être que songeries, en sont-elles moins les miennes? Je suis responsable de mes rêves, au même degré que d'une action. J'imagine la ruine d'un parent pour m'offrir le spectacle de l'aigre débat des héritiers autour de sa fortune; j'imagine un accident, une maladie, une péripétie du sort; j'imagine le brusque décès d'une petite amie, par curiosité de savoir si son amant (pauvre gosse!) supportera le coup et de quelle façon il organisera sa vie. — Dès l'instant où ce fait est posé, je me retire de la pièce, mais la pièce se développe, continue de vivre, se crée, dirait-on, sans moi. Du départ, je ne m'occupe plus : il est. J'admets cette mort : elle eut lieu avant que ne se levât le rideau. Restons tranquille, écoutons la pièce, sourions, soyons ému, attentif, exalté, compatissant, joyeux...

Non pas. — Réfléchissons. Réfléchissons bien, sans nous payer de médiocrités.

J'ai tué; cela est certain. En attribuant ainsi

mon crime au destin, j'ai tué sans danger, lâchement, mieux, plus vite que je ne l'eusse fait avec un couteau, et je me délecte des suites de mon crime. J'ai tué.

Néanmoins, j'ai tué sans songer à mal...

Oh! Oh! la belle excuse de valet!

Et, de plus, je viens de commettre un abus de confiance dont la qualité paraît un peu vile. — En imaginant la petite amie que je présente sur la scène, je l'ai fardée, je l'ai costumée, je l'ai « stylée » pour qu'elle ressemblât trait pour trait (avec cette gloire supplémentaire des feux de la rampe) à l'image que j'avais de sa figure. Mais c'est d'elle, d'elle seule, que je tiens cette image! Si l'image lui ressemble, c'est grâce à elle! et c'est à cause d'elle que l'image paraît vivante! Elle m'a permis de la connaître, et maintenant, je la prostitue. — On a barre sur ses amis, puisqu'on les imagine non point tels qu'ils paraissent aux yeux du vulgaire, mais tels qu'à nous, ils se sont laissés voir. Nous ont-ils donné ce qu'ils avaient de plus pur, de plus noble et de plus secret, pour que l'on en dessine les traits d'un histrion?

Est-ce tout? — Pas encore!

Songez! songez bien que la victime souffre peut-être de ces jeux! qu'elle en souffre cruellement, dans sa chair et dans sa pensée.

On souffrirait de mes rêveries?

De ces rêveries mêmes... Nous ne savons guère où s'arrêtent les correspondances de la pensée. Il n'est pas impossible que la blessure fictive, faite en vue d'un drame, ne saigne obscurément dans le cœur du sujet. — Ai-je le droit d'écarter le remords? — En vérité, ces spectacles où je me plais ne sont point innocents. Ces spectacles s'appellent des tentations mauvaises. — Rester à terre est le vrai devoir. Restons à terre. Attachons notre esprit à ces blocs lourdement maçonnés qui le retiendront. Voici de bonnes chaînes. Trouvons un endroit propice pour les fixer. — N'existe-t-il donc plus :

« Le vieil anneau de fer du quai plein de soleil »?

Cherchons-le.

Si ce n'est pour agir ou créer, ne dessinons jamais un avenir. — Le théâtre chez soi? non pas! — Regardons le Yang-tseu qui coule et les aigrettes rapides qui frisent l'eau.

Tchong-king. 3 *janvier.*

Un boy linguiste suffisait, il me semble, à singulariser la « maison civile » de l'enseigne de vaisseau Lohéac. J'apprends que, dans un autre genre, Tsang, son mafou, s'est montré aussi remarquable. Ce garçon ne se distinguait d'abord que par la conscience extrême qu'il mettait à accomplir les devoirs de son emploi de palefrenier. Il se révéla, samedi dernier, de façon surprenante.

Lohéac voulait, avant de quitter Tchong-king, se débarrasser d'un cheval bai-brun, jolie bête qu'il montait depuis deux ans. Il chargea le mafou d'aller le vendre à Kia-ting, où se trouvait, disait-on, un acheteur assuré, et d'en rapporter le prix. Durant cette absence, il fit

un petit voyage jusqu'à Sui-fou pour reprendre l'air du fleuve, après tant de jours d'hôpital. Or il se promenait, à la nuit tombante,
sur le bord de l'eau, du côté de Lou-cheou,
quand il vit paraître un radeau sombre, aux
coins duquel quatre grands flambeaux étaient
fichés ; spectacle sinistre, à cette heure obscure,
plus sinistre quand il s'aperçut que le radeau
était chargé du cadavre d'un cheval aux pattes
cassées, au flanc droit largement déchiré d'une
blessure. Tsang, le mafou, surveillait ce convoi
étrange. Soudain, il sauta à terre et s'expliqua
nerveusement en paroles pressées.

« Ta-jen! en arrivant près de Kia-ting, le
beau cheval et moi, nous sommes tombés au
fond d'un ravin. Moi, je me suis seulement fait
mal au bras (regardez, Ta-jen!) mais le beau
cheval est mort. Alors, comme je rentrais sans
argent, j'ai rapporté le cadavre pour que le
Ta-jen ne croie pas que je suis un voleur ».

Lohéac, fort ennuyé, lui dit de vendre la
bête au boucher de Lou-cheou et il revint à
Tchong-king.

Hier, il se promenait, de nouveau, près du fleuve, à la chute du jour, quand il vit, longeant la rive, l'affreux radeau, avec son cadavre, éclairé par les flambeaux dont les reflets funèbres dansaient sur l'eau noire. Tsang était encore là.

« Pourquoi rapportes-tu cette charogne? demanda Lohéac.

— Le boucher n'a pas voulu me donner un bon prix, répondit Tsang. Il fallait revenir une seconde fois sans argent; le Ta-jen m'aurait battu; j'ai mieux aimé rapporter le beau cheval ».

« Et, depuis lors, ajoutait Lohéac, je ne puis regarder le fleuve sans craindre d'y voir paraître ce radeau lugubre et j'ai peur qu'il ne me suive, toujours, toujours, et qu'en arrivant à Marseille, dans quelques semaines, je verrai les quatre points de feu de ses flambeaux, contre le quai de la Joliette ».

FIG. 17. — La jonque de Lohéac.

1er janvier.

Tchong-king.   *4 janvier.*

Hier, un vieillard de la ville, assez impotent et qui ne sert plus à grand'chose, s'était chargé, pour reconnaître un service rendu par une voisine, d'aller jusqu'à un village situé de l'autre côté du Yang-tseu, en amont, et d'en ramener l'enfant de cette voisine, confié à sa tante, deux mois avant. La course n'est pas longue (une heure, tout au plus, en comptant le retour) et cet homme peut encore, à la rigueur, manier un sampan. Levé ce matin dès l'aube, il descendait par le petit chemin qui mène au fleuve, quand une autre voisine l'accostant, le pria de l'emmener, elle et sa fille aînée. On partit. A quelques brasses plus haut, un pêcheur leur fit signe, qui désirait traverser. Il obtint son passage, en échange de trois poissons à demi-pourris dont personne n'avait voulu, la veille, au marché. Sur la route, on prit d'autres voyageurs : un potier, le mafou

7

des deux Européens nouvellement arrivés, un bonzillon qui regagnait sa pagode. Ils furent bientôt une douzaine, chacun aidant à la manœuvre dans la juste mesure de ses forces. On s'arrêta encore plusieurs fois, pour l'emplette d'un bol de riz, d'une botte de radis, d'une herbe médicinale, pour une visite urgente, pour quelques instants de repos. La commission originale prit deux fois plus de temps qu'il n'était nécessaire, mais, après une longue halte de l'autre côté du fleuve, où l'on festoya quelque peu, où l'on se raconta des histoires, où l'on joua aux dés, sous un grand arbre, l'enfant fut ramené sain et sauf à Tchong-king, avant la nuit close. Sa mère ne s'inquiétait pas, trouvant ce retard tout naturel. — En Chine, malgré les apparences, personne n'est pressé.

Ta-sing-tchang.   *5 janvier.*

Et, de nouveau, nous voici repartis, et, de nouveau, le paysage passe.

Nous avons voyagé à pied, à cheval, en jonque, en sampan, en chaise à porteurs, les yeux grands ouverts, les yeux avides, car le paysage passe.

Le paysage passe. D'abord, il nous donne un plaisir mêlé de quelque regret. De ce regret, il faut que le vrai voyageur sache détruire l'amertume.

Le paysage passe, il a passé. Oui, précisément! il convient de s'en faire une joie, car nous ne devons vivre, en voyage, que pour l'instant présent. Comme l'on fait d'un fruit cueilli à l'arbre, sur le bord de la route, le voyageur exprime, de l'instant présent, tout ce que l'instant présent peut offrir de délicieux, puis il se détourne; il continue à vivre. Plus tard, beaucoup plus tard, son souvenir lui rendra la saveur ancienne.

Ceux qui savent passer ne savent plus demeurer. S'ils jouissent de la halte, ils ne peuvent même concevoir un repos définitif. A voyager longtemps, on devient nomade, on acquiert, bientôt, l'âme d'un nomade et l'on

voit le monde fugitif par ses yeux clairs. —
Quand Gengis-khan se sentit mourir, il appela
ses quatre fils auprès de lui, fit entre eux le
partage de ses conquêtes et leur dit qu'il voulait que son cercueil fût simplement posé sur
la terre et non pas enseveli. Ce cercueil existe
encore, en Mongolie, sous sa double tente de
peaux cousues, et muni à ses flancs de solides
poignées de cuivre. Le cercueil de cet empereur nomade reste prêt, aujourd'hui même, à
être emporté. — Je ne sache pas d'histoire qui
me touche davantage.

Le paysage passe : « Jouis de moi! disent les
étangs et les collines... Jouis de moi! déjà tu
t'éloignes... Non! ne t'arrête pas! Tu me re-
garderais mal! Ne t'approche pas trop, tu ne
me verrais plus de même et ce serait te créer là
une seconde volupté annulant la première. Suis
ton chemin, mais, dans le court moment que
je te donne, jouis de moi! »

Le paysage passe. Des paysans curieux nous
regardent du bord de leurs champs. Ils passent
aussi, avec les arbres, les rochers, les casca-

des; seuls, parfois, quelques oiseaux du ciel nous accompagnent, un temps.

Tchang-chou-hien. 6 *janvier.*

Voici un cauchemar pour mes nuits prochaines. Cette image affreuse, je ne puis la chasser. Elle me hante. Elle reparaîtra, je le sais, devant mes yeux clos, elle troublera, elle effarera, elle infectera mon sommeil; abominable vision! figure dont le souvenir me donne une terreur panique!

Nous étions descendus sur la berge, afin de nous dégourdir d'un trop long repos. Il faisait bon marcher, côte à côte, sur le sable. Une brise nourrissait d'air frais tout le paysage. On se sentait vigoureux, content de vivre, heureux de respirer. En remontant à bord de la jonque, quelques heures plus tard, nous vîmes l'effroyable chose : une lépreuse, accroupie sur un tas de pierres, au soleil. Cette femme inspirait l'épouvante. Plus d'yeux : deux trous vio-

lets et suintants avaient jadis abrité son regard ;
plus de nez : une blessure en tenait la place ;
sa bouche, sans lèvres ni dents, où s'agitait un
morceau de langue, semblait un terrier pourpre. Chaque inspiration était un râle ; à chaque
respiration, l'abcès affreux qui détruisait sa
gorge se manifestait par une bulle de pus qui
crevait au ras des gencives pâles. Et cette femme (j'ose à peine l'écrire !), cette femme... cette
femme allaitait un enfant.

Nan-t'o-tcheng.   *7 janvier.*

Je ne me lasserai jamais d'admirer la très
subtile élégance que les Chinois mettent à
nommer les lieux du monde et jusqu'aux
moindres détails d'un paysage. En France,
nous sommes déjà ravis par une « Vallée du
Lys », par un « Castelsarrasin », par une
« Roche-pointue » ; que dirions-nous des noms
chinois ! — J'en note quelques-uns, en amont
et en aval de Tchong-king, dont le pittores-

que, la fantaisie et l'imprévu m'ont beaucoup séduit.

Cette colline, au profil net et boisé, s'appelle *le paravent vert ;* ce village, traversé jadis par un cours d'eau que l'on détourna : *le village au ruisseau muré ;* cette baie : *l'entrée d'un ruisseau herbeux ;* cette autre, de forme oblongue : *l'étable du porc.*

Voici quelques noms de rapides : *les moustaches du tigre* rejaillissent furieusement aux deux côtés d'un muffle rocheux ; *l'araignée unique* tourbillonne dans le milieu du fleuve, en courants minces qui semblent dessiner sur l'eau de longues pattes ; le chant de *la cloche claire* s'entend de loin ; l'eau luisante du *rapide pour aiguiser les sabres* a des reflets précieux ; enfin, cet autre rapide qui jette vers le ciel des jets de vapeur bleue se nomme : *réunion de fumées.*

Les noms de rochers ne sont pas moins surprenants. Je m'explique mal *la roche du fromage de haricots,* comme aussi *le banc de galets du sourcil de papillon,* mais *la roche des collines crochues* est d'un dessin **très** étrange, de même que *le grand coquillage*. *La roche du bord de la jupe* se couvre d'une mince étoffe d'eau qui retombe avec mollesse en mille plis, et j'aime, entre tous, ce rocher pernicieux qui provoqua tant de naufrages et qu'on appelle *le dos à gratter les jonques*.

Rebaptisons les villes, les hameaux, les cascades et les rivières de France, suivant des principes pareils : la lecture du guide Joanne et de l'Indicateur des chemins de fer y gagnera en intérêt.

Tchong-tcheou.   *8 janvier.*

L'eau chinoise, l'eau des fleuves, des rizières et des canaux, l'eau qui se précipite par grandes masses lourdes ou qui stagne, jusqu'à l'horizon, sur des terres à peine couvertes, l'eau qui ne chante pas la chanson limpide des torrents, mais qui sait gronder comme un incessant tonnerre, cette eau couleur de tabac, d'ocre jaune ou de cuivre, n'est en rien l'eau calme, l'eau familière et domestiquée de nos pays d'Europe. Souvent terrible, elle eut jadis de stupéfiantes fantaisies. Comme si, par un écart semblable, le Rhin se détournait tout à coup et, traversant la France, venait se jeter à La Rochelle, le Hoang-ho noya des villes entières et s'en fut envaser la mer Jaune, au sud de la presqu'île du Chantoung, ou mêler partie de ses eaux à celles du Yang-tzeu, avant de couler vers le nord, comme il fait depuis soixante ans, jusque dans le golfe du Petchili. — Le Hoang-ho est toujours incertain du cours qu'il choisira; quand il fonce, rien ne l'arrête, rien, ni les digues, ni les plaines, ni même une vache de bronze, convenablement placée, qui, pourtant, d'après les hommes de science, pourrait détourner un déluge.

Cette eau lourde, cette eau chargée (les riverains du Fleuve Jaune disent qu'il faudrait plus de mille ans pour laver son onde), cette eau fertile qui tomba du ciel en cascades claires se répandit largement et devint de la boue ; cette eau s'immobilise, maintenant, pour nourrir les lotus et les nénuphars, pour vivifier la rizière immense, mais, demain, que fera-t-elle? Remontera-t-elle, en vapeurs, vers le ciel bleu? Glissera-t-elle dans les fentes ombreuses de la terre? On ne sait. Elle reste là, pour l'instant... Souvent, l'instant est long.

Che-pao-tchai.   *9 janvier.*

C'est dans ce temple de Che-pao-tchaï, perché sur le bord du Yang-tseu, que nous pensions voir un musée d'horreurs inégalables. — Ah! combien nous dûmes déchanter!

A gauche, dans la brume, paraît, d'abord, un grand piton de pierre, carré, d'aspect hirsute, inhospitalier et bizarre. L'un de ses bords, très dentelé, se frange de neuf cornes. Ce rocher solitaire m'impose un peu. C'est pourtant là qu'il faut grimper. Neuf escaliers y accèdent et neuf toitures couronnent la pagode qui le surmonte... Toujours le chiffre 9, et n'oublions pas les neuf cornes du roc.

Sans trop de peine, nous atteignons le faîte. Tout en haut, le spectacle est usuel et lamentable. — Des horreurs, cela? Un enfant d'Europe imaginerait mieux !... Pour comble, il s'agit encore d'une œuvre de ces abominables taoïstes, les maîtres de la laideur chinoise !

Couverte d'un pavillon cornu, la cour où nous entrons est entourée d'une grille de bois ; derrière elle, il y a la figuration des Enfers... tout simplement ! — Nous trouverons là de quoi frémir, de quoi rêver sans doute? Hélas ! suivez-moi !

On entre, vomi par une gueule...

Voici les Dieux, immenses, dorés, ironiques ou durs ; voici les juges, plus petits, assis à des tables ; voici quelques Démons verts aux yeux en tubercules, dont la prunelle proéminente rappelle l'œil noir de la langouste. Leurs cheveux sont rejetés en arrière : trois pointes lisses, trois cornes noires... mais à qui donc feraient-elles peur ? Et voici, enfin, les accusés : des victimes, presque toujours : hommes, femmes et enfants.

Voyons souffrir ce monde de damnés.

A cette femme, vêtue de la souple et longue redingote mauve que l'on portait au temps des Ming, on dévide les intestins, avec méthode, mais sans conviction, me semble-t-il... comment dirais-je... sans plaisir !

A cet homme, coiffé de l'ancien chapeau à gradins, noir et noble, on coupe la tête... Et cela est bien banal !

On étrangle ce petit garçon.

On tenaille des seins pendants.

On scie, en commençant par l'entre-jambe.

Sur un rocher tout hérissé de lames, on jette, à plat, des corps, après les avoir balancés, les bras tendus.

On écrase sous une meule... Le sang suinte autour... Un chien le lèche.

Avec des chairs mortes, les démons verts comblent un fossé... Un cadavre maigre en déborde... Un chien le mange.

On écartèle, on hache, on découpe, on disloque, on brûle, on précipite, on tord, on saigne, on vide... Ah ! quelles pauvretés !

Mais pourquoi si médiocre, cette géhenne ? pourquoi si bourgeoise ? Tout est familier, tout est prévu ! Pourquoi ce pittoresque facile ? Pourquoi tant de platitude ? — Je crois que la raison s'en trouve dans l'usage que les Chinois, si cruels dans mille légendes colportées, firent du spectacle de leur vie quotidienne. Ils se refusèrent à rien imaginer : ils adaptèrent. Car l'on tranche bien ce thorax que la douleur gonfle et tord, mais c'est avec le même couperet, le même outil robuste et simple qui, dans les cours d'auberge, au crépuscule, tranche communément les bottes de fourrage et dont les ahans ménagers scandaient nos premiers rêves de repos. Et ces meules tachées de sang n'ont rien de barbare : ce sont les inoffensives pierres rondes que nous avons vues dans les campagnes, tournant et broyant, avec un gémissement très doux, poussées par deux femmes ou tirées par un âne, et qui, parfois, simulaient le bruit d'un lointain tonnerre...

Oui ! quelle pauvreté ! — Je conçois que le nombre des plaisirs et des jeux soit court, leur limite proche, leur violence mesurée, mais il est si facile d'inventer de nouveaux modes de douleur, pour faire souffrir encore, encore et mieux, encore un peu plus et plus amèrement !

Ces enfers ne m'intéressent pas, car, sous quelque ciel qu'on l'invente, un schéol doit émouvoir. D'ailleurs, dans celui-ci, tout se décompose : couleurs, plans et contours. Ces dieux, ces juges, ces démons verts, ces nus efflanqués ou trop gras, mais tous pitoyables, m'ennuient. De la médiocre foule, j'excepte une seule petite figure de femme, agenouillée dans une fleur de lotus blanc, au bord d'une chaudière où souffrent et bouillent des formes vagues, et qui en retire à pleins bras... quoi donc ?.... les entrailles de sa mère, sans doute !

— Oh ! celle-là est charmante !... tout à fait !

Pan-t'ouo.   *10 janvier.*

Mon amie, votre fantôme m'a visité, ce soir.
Il rôde, passe et disparaît, puis, revient et se
penche sur moi. Le fleuve fait, contre la roche
aiguë qui coupe son courant, un bruit doux
et continuel. On dirait une plainte étouffée
mais qui s'obstine. De quoi souffriez-vous, mon
amie, pour être venue, de si loin, me surpren-
dre? Au coucher du soleil, je suis rentré dans
mon petit sampan à deux rameurs et, dès que
je fus monté sur la jonque, votre fantôme
m'inquiéta. Au fond de cette anse où nous
sommes amarrés, l'eau passagère haletait un
peu sous sa brume du soir; une insensible
brise me caressa la bouche, comme un souvenir de baiser, et je restai tout immobile, glacé
par l'attente. Vous étiez là, oui, mon amie,
vous étiez là, mais je regardais, à la poupe de
la jonque, un grand vase de terre plein de
fleurs des champs qui semblaient lasses, puis

j'écoutais le crépuscule. Sur la rive, quelque
villageois jouait de la flûte : mélodie mince,
tantôt triste, tantôt folle, qui dansait au ras
de l'eau grise. L'un de mes rameurs sauta sur
le pont et jeta à mes pieds notre butin du jour.
Il leva les yeux et, voyant que je regardais
ailleurs, les baissa, par convenance et s'en fut.
C'est un bon serviteur.

Entre ses falaises dont la pourpre bleuissait,
le fleuve roulait son onde lourde et chantait
contre la roche aiguë. Je respirais à peine,
attendant le signe qui vous révélerait et l'appelant passionnément, de cette voix muette qui
gonfle la poitrine mais jamais ne trouve ses
mots.

Il m'apparut soudain. Ce fut, d'abord, sur la
crête de la falaise orientale, une faible lueur,
un soupir de lumière, un insensible parfum
de clarté, puis cela grandit, se développa : un
halo nacré parut, qui montait dans le ciel, et
la lune surgit, lente et ronde, couleur de capu-
cine pâle; elle dessinait en noir le profil tourmenté des hautes pierres, puis elle se détacha.

FIG. 18. — Le temple de Che-pao-tchaï.

9 janvier.

Je vous vis à son premier rayon : vous me guettiez dans l'ombre. A ce premier rayon, chère, je vous reconnus. Non ! non ! vous ne souffrez pas ! Vous êtes venue parce que vous deviez venir. Souriez ! je veux vous voir sourire ! Regardez, alentour, la magie qui vous accueille ! Le monde est fait d'argent et de saphir ! le fleuve n'est plus qu'un large saphir qui s'écoule en chantant ! et les falaises sont bleues de la base au sommet ! Regardez, sur la rive, ces grands arbres dont le feuillage filtre une averse d'argent ! Regardez l'eau ! Regardez l'air ! nous respirons de la clarté ! et vous êtes là, et je vois votre bouche.

Restez ! restez ! Toute la longue nuit est à nous ! la longue nuit pleine de nouveaux prestiges, enchantée par des chimères nouvelles qui nous étreindront le cœur ! et quand la lune aura passé derrière la falaise occidentale, contre moi je vous presserai encore, cher fantôme, en écoutant au loin la plainte du Dragon qui toujours se lamente, tandis que la Licorne galopera d'un galop sourd, le long de la rive, et que le Phénix fera de grands bruissements d'ailes dans le ciel noir !

Che-houei-t'ouo. *11 janvier.*

Je viens de ressentir, en visitant la pagode de Yun-yang-hien, la plus singulière émotion. Le temple n'offrait rien qui pût retenir, le paysage, avec son ciel pur, ses côtes boisées, ses rochers et son vaste fleuve, était bien, à peu près, celui que je voyais hier, mais il me sembla soudain que, par l'effet de quelque sortilège, quatre de mes cinq sens refusaient tout service et que le cinquième les remplaçait entièrement dans mon esprit. Vertige étrange qui me reprend, tandis que j'écris ces lignes. Pourrai-je le fixer en paroles ?

Aujourd'hui, tout est couleurs. Les sons m'échappent, les parfums me fuient; je ne goûte plus la saveur, ni le grain, ni la forme des choses : je ne suis juge et témoin que de couleurs. Appuyé à cette balustrade qui me sépare de la vallée aux sombres diaprures, abrité par des tuiles jaunes et bleues, je regarde le vêtement du paysage, depuis les larges fleurs, toutes rouges, illuminées de jour, qui poussent à quelques pas de moi, jusqu'aux vagues lointains en buée mauve.

Le monde? une coupe de saphir renversée sur un plat d'émeraude. Pas un oiseau qui jargonne, mais le ciel est très bleu. Le vent se tait, mais les arbres sont verts. Le jour s'admire. Rien n'embaume, rien ne chante, tout resplendit. Je tourne les yeux, de ci, de-là; partout, je rencontre une teinte, claire ou foncée, franche ou subtile; je ne vois que cela. Contre ce balustre et couronnant un vase violet sombre, taché de violet clair, un dahlia saigne de toute sa corolle; au ciel, un cerf-volant très rouge se dandine; une mouche d'un vert métallique, se pose sur ma main et, là-bas, dans la radieuse prairie qui s'étend devant la pagode, un jeune bonze se promène, vêtu d'amarante, au milieu de l'ombre mobile et ronde d'un grand éventail vert en papier.

Oh! que j'aimerais entendre un son musical qui se prolongeât, respirer un parfum, sans voir la fleur qui me le donne, toucher enfin une chair de femme, une chair de statue, ou goûter un vin sans couleur!

En aval de Kouei-fou, sur la jonque.   12 janvier.

Je pense aux figures de papier que, pieusement, on brûle, en ce pays, pour satisfaire les morts, je pense aux fleurs que nous jetons, en France, sur leurs tombes.

Souvenir des morts : consolation pour les moments où la vie nous martyrise! Et ce soir, bien que l'heure soit douce et tendre, je songe à mes morts, car l'angoisse du retour m'étreint déjà. Le soleil a disparu, des vapeurs nacrées montent du fleuve, un oiseau perdu se lamente, quelque part. Sur l'avant, deux mariniers chantent une complainte triste, triste infiniment, et l'onde épaisse bruit en caressant les flancs de la jonque.

Cela m'effraie de voir combien mes morts vivent près de moi; ils m'entourent, dès le matin; jusqu'à la nuit, ils ne me quittent guère, mais c'est durant les veillées qu'ils se rapprochent le plus, qu'ils parlent librement et que je leur réponds.

Ah! si morts que vous soyez, mes chers morts, je vous ai bien retenus dans ma vie! Il n'a point fallu, pour cela, ces souvenirs, ces petits objets que l'on garde comme des trésors et qui sont les aide-mémoire des douleurs médiocres : je n'ai réservé que votre pensée.

Oui, sans doute, je vous ai vu partir avec plus d'accablement secret que d'apparente douleur : j'ai peu pleuré. Il me semble que trop de larmes éloigne les morts; le flux des pleurs est comme un sinistre règlement de comptes par quoi l'on paie une dette au disparu, et dès qu'elles sont sèches, les paupières se remettent à sourire; mais vous, mes morts, vous êtes encore là; j'ai tâché de vivre comme si vous ne m'aviez pas quitté... Oh! si les prières vous parviennent et vous touchent, écoutez-moi!

ne me quittez pas! éclairez-moi! j'ai si grand besoin de vos lumières !

Je vous revois, je vous revois tous! Devant mes yeux, ce soir, vous revivez ; je le sens, je n'ai pas, comme tant d'autres, tué mes morts.

Ne tuez pas vos morts! — Je parle à ceux mêmes qui ont souffert la plus vive douleur. — Si vous croyez que les êtres chers que vous avez roulés dans leur linceul survivent, ne fût-ce que dans le souvenir, recouvrez-les pieusement du linge froid dans lequel ils devront sommeiller, voyez tomber sur leur cercueil la lourde terre, jonchez le marbre blanc des plus belles corolles, mais, rentrés dans votre logis, ne tâchez pas de tuer vos morts, comme font la plupart de ceux qu'un deuil a désolés.

Un mort, à en juger par le travail sacrilège de ces gens sans respect, paraît n'avoir jamais vécu. Il devient une façon de fantoche anémique, énervé, sans muscles ni cerveau, sans armature, le pauvre personnage d'un conte moral, écrit pour de pauvres esprits. — Ces

morts n'ont connu ni la colère, ni les fièvres,
ni les folles joies, ni l'impatience ; ils furent
pâlement bons, conciliants et doux, vaguement charitables, d'un incertain courage,
d'une molle activité, étrangement inhumains,
bientôt impossibles et presque monstrueux.

Mauvaises gens qui tuez vos morts ! — Pour
les mieux réduire à n'être que des statuettes en
poussière, des figures de fumée, des souvenirs
que le temps délave, ils les émasculent des
passions, de la brutale force, des excès, de
l'outrance qui les faisaient vraiment vivre et
les distinguaient du troupeau.

Chérissez, adorez vos morts, mais tels, précisément, qu'ils étaient durant leur vie ; craignez que vos paroles ne les exaltent, que votre
regard ne les glorifie trop : leur beauté se
fanera dès que vous l'aurez rendue parfaite ;
craignez d'oublier leurs travers, fût-ce les
pires : le souvenir d'un mort s'en diminue.
Avec les ombres que vous lui ôtez, il perd tout
relief, toute couleur ; il n'est plus qu'une représentation trop idéale pour durer et qui ne

durera point. Craignez de trop excuser les morts : s'ils furent injustes, s'ils furent orgueilleux, s'ils furent implacables, songez qu'ils vécurent ainsi et que seules revivent les images sincères.

Un mort doit se perpétuer en vous tel qu'il fut, non point tel qu'il vous plaît de le peindre en figure d'ange. Un mort doit vivre en vous avec ses partis pris, ses préférences, ses dégoûts. Si vous le déformez, il ne vous parlera plus (c'est la vengeance des morts!) et, comme si vous regardiez un méchant portrait, un jour viendra où vous ne saurez le reconnaître.

Ne tuez pas vos morts.

En amont d'I-tchang.   *13 janvier.*

Une aube encore indécise va poindre. La rive orientale est couronnée d'une lueur mauve ; l'autre, où nous sommes amarrés, demeure sombre. L'eau du fleuve paraît fangeuse.

Soudain, l'un des mariniers rejette sa couverture. Il bâille, il s'étire. Voici le réveil. Chacun se lève. On abat la tente de bambou tressé; on largue les amarres; nous serons bientôt partis.

Les rameurs chantent. Le vent fait flotter nos trois oriflammes. L'eau donne sa chanson de chaque jour, murmure lent et monotone, juste accompagnement pour le clapotis des avirons.

Une aigrette s'envole de la rive et passe, très blanche, contre la falaise, presque noire, à cet endroit. Quelques sarcelles effarouchées s'enfuient. D'autres oiseaux paraissent et disparaissent, que nous ne savons reconnaître.

Le fleuve sera-t-il méchant aujourd'hui? — Nous devons franchir un rapide fameux et de renommée sinistre, mais, en cette saison, le Sin-long-t'an est sage; il nous secouera un peu, sans plus.

La jonque a gagné le milieu du fleuve. Le soleil fait étinceler l'eau d'éblouissante façon. Il fait froid, pourtant l'air danse comme en été. — Très haut dans le ciel, je vois un vol de canards.

On prépare le *sao*, le grand aviron qui sert de gouvernail d'avant. Nous approchons du rapide. On l'entend déjà comme une plainte lointaine, la plainte du Dragon.

En peu de temps l'eau devient folle. Des courants, visibles dans ce milieu opaque, montent à la surface et replongent. Le cours du fleuve semble tressé de mille ruisseaux furieux.

Des sources apparaissent, gros champignons bulbeux et sales, qui luisent et se répandent de tous côtés, puis l'eau se calme, un instant, puis se regonfle, puis se répand encore.

Des tourbillons se creusent et glissent contre les flancs de la jonque, tandis que le dos voûté des sources en cogne le fond. Cela fait un bruit mystérieux; le bateau en est secoué.

Soudain, le Sin-long-t'an nous prend. Malgré le long *sao*, malgré le battement des avirons, la jonque est entraînée; c'est une chute brusque. Autour de nous, le fleuve est en désordre, l'eau bondit, s'enfonce dans son propre élément, se soulève, sans se diviser, et retombe encore en elle-même. L'eau se gerce et se plisse, l'eau se tord et se dénoue, enfin miroitante, huileuse et lisse, elle s'étale. Le cours régulier du fleuve se retrouve. — Nous avons passé, en tourbillonnant, parfois et, parfois, la poupe en avant, mais nous avons passé, sans danger, il semble.

A midi, nous voulons descendre devant un village où l'on fera, peut-être, l'invention de quelque vase, d'une robe, d'un bois sculpté. On s'arrête, on accoste et, pendant que les maîtres bibelottent, les serviteurs préparent le repas de riz.

Nous remontons à bord, pour manger, une heure plus tard. Nous avons acheté (beaucoup trop cher, dit-on) une vieille dalle verte ornée d'une grecque bleue. De ces débours excessifs, notre *boy* a, sans doute, profité largement. — On repart.

Nous tuons quelques oiseaux. Nous en manquons beaucoup d'autres. Une jonque nous croise, qui remonte à la cordelle. Le jour passe sans événements. Une épave accrochée à cette pointe de rocher qui affleure nous effraye un peu. Mais qu'importe! nous avons passé!

L'air brunit. L'eau devient plus épaisse. Le soir tombe. On accoste encore. On dresse la tente en bambou tressé. Il fait sombre. On allume les lanternes à la panse desquelles nos titres sont inscrits. La nuit est toute noire... un peu trop! Une petite lampe veille, sur le pont, entre deux mariniers couchés. Un autre marinier ronfle. Le grondement du rapide s'entend au loin.

I-tchang. *14 janvier.*

Nous fumions des cigarettes sur le pont de la jonque. L'air était doux, des oiseaux passaient, nous ne trouvions en nous-mêmes presque pas de tristesse encore. Nous nous disions :

« Ce n'est sans doute plus l'aventure, mais il nous reste de belles heures à vivre en Chine, de beaux paysages à contempler et les seules diaprures de l'eau suffisent à nous émouvoir ».

Pourtant, nous ne parlions pas, nous n'osions parler, nous souffrions, je crois, de cette lourdeur d'âme que donne l'attente d'un orage.

— Tout à coup, Segalen, désignant le fleuve, en avant de la jonque, demanda :

« Qu'est-ce donc que cette fumée? ».

Nous regardons mieux. C'est un bateau à vapeur, hélas! un vrai bateau à vapeur qui remonte et bientôt nous croisera, un bateau à vapeur japonais (nous le sûmes plus tard). Alors, que voulez-vous! à l'idée que la civilisation s'approchait et nous joindrait avant peu, nous nous sommes, d'un même mouvement, assis sur le pont et nous avons pleuré, comme deux enfants.

Han-keou.   *21 janvier.*

Oh! je sais bien que telle ville du sud nous réserve encore mille et une merveilles, que ses complications d'ombres et de lumières, inéga-

lables, nous raviront, que nous serons émus
par sa fièvre, étonnés par sa grande rumeur,
épouvantés par son innombrable aspect de
fourmilière ; je sais que ce voyage n'est pas fini,
et pourtant, en approchant de cette heure où
sonnera le glas du retour, je me sens pris au
cœur par un poignant regret. Je regrette la
Chine, je la regrette déjà, bien qu'elle me tienne
encore sous sa griffe extrême, mais ce n'est
déjà plus la Chine que j'aimais, la Chine où
l'on est libre ! Celle-ci est la Chine dont parlent les touristes, un pays que chacun peut
connaître ; la Chine d'où nous venons est une
patrie nouvelle pour le rêve, une ruche féconde
pour les souvenirs. A ce regret, qui va s'aigui-
sant et s'amplifiant, d'heure en heure, il n'est
d'autre consolation que de se dire : « La Chine
est grande ; nous nous y retrouverons peut-
être, quelque jour ! ».

Han-keou.   *22 janvier.*

Des couleurs de ce pays je me souviendrai,
je pense ; il ne me faudra, pour cela, que rêver,
un temps, en fermant les yeux. La neige du
Lamaling, l'opulente boue des rizières, comme
aussi les falaises brunes, pourpres et fauves du
loess, les torrents clairs du Sseu-tchouan et
ses vergers aux fruits rouges me réapparaî-
tront, avec toutes leurs teintes, mais saurai-je
me rappeler la voix chinoise, le piaulement
doux d'un enfant, le jacassement des hommes
dont le ton se hausse, parfois, comme une
protestation rapide et pointue, enfin ce bruit
multiple d'oiseaux en colère, cette clameur
aigre de volière troublée que fait, dans une
rue, la foule bleue et jaune? La voix de la foule
chinoise m'expatrie plus encore que les paysages baroques ou sublimes que nous venons de
voir ; elle est vraiment d'un autre monde.

Des oiseaux, de grands oiseaux affairés qui

ne chantent pas, dont la voix n'est jamais un chant, mais qui jasent continûment et disputent de leur pâture (d'une graine de melon ou d'un brin de paille) et s'interrompent et se querellent, et qui, parfois, ont peur. — Oui, je les réentendrai.

Nan-king.   *25 janvier.*

Un Chinois lettré m'a fait, ce matin, tout un long discours. Je vais tâcher de préciser, ici, ce qu'il me disait, en un flux très abondant de paroles rapides. — A une question qu'il m'avait posée, je m'étais efforcé de répondre de mon mieux. Il voulait savoir la manière dont, en Europe, nous enterrions nos morts, il voulait connaître nos habitudes, nos bienséances funéraires. Ma réponse parut le choquer au plus haut point.

« Et quelles sont vos habitudes, vos bienséances, en Chine? demandai-je à mon tour.

— Lorsque je serai mort, dit-il, mon fils

FIG. 19. — Une jonque à double sao.

13 janvier.

aîné glissera sous ma langue, afin que je puisse continuer à former des paroles, une pièce d'argent : il faut garder son éloquence aux pays des Ombres, car les mauvais génies ont, pour celui qui ne parle pas courtoisement, mille ruses redoutables et savent l'enfoncer dans l'égout fétide des Enfers.

« Mes parents couvriront ensuite d'un linge blanc mon nez et mes oreilles. Déjà, ils auront ouvert un trou dans le haut du toit de ma demeure, afin que s'échappent, à leur guise, les sept esprits animaux qui m'habitent. De mes trois âmes, l'une, la fonctionnelle, quittera ma tête pour aller se faire juger devant les Grands Juges ; la seconde, la passionnelle, fuira de mes poumons pour hanter ma tablette funéraire ; et la troisième, la matérielle, sortira de mon bas-ventre, mais ne me quittera point, et ne cessera de veiller sur mon corps, afin de régler, au fond du cercueil, sa pourriture.

« Vêtu de mes plus belles hardes, je me présenterai devant la Mort : il est toujours décent d'être bien vêtu, mais, tout spécialement, le

costume de cérémonie est exigible, si l'on af-
fronte les regards d'un potentat. Un mendiant
passe inaperçu et, si le Roi des Ombres ne
me voyait point, ou si je ne pouvais lui parler,
ou si, par la faute des miens, certains devoirs
de la bienséance avaient été omis, je pourrais
errer, tout au long de mon autre vie, sous la
forme d'un esprit mauvais, ou bien habiter le
déplorable corps de quelque reptile maléfi-
cieux.

« On m'étendra, j'espère, dans la grande salle
de ma maison. Près de ma tête, une tablette
sera posée, avec, sur un guéridon tout proche,
des viandes, trois lampes et de l'encens. Durant que les prêtres diront leurs prières, les
femmes se lamenteront, d'une voix suraiguë. A
chaque coin de ma chambre, brillera une lan-
terne blanche et, devant la porte, une longue
feuille pendra, sur laquelle mon nom, mon
âge et mes titres seront inscrits.

« Vous savez que j'ai abandonné le lieu où
reposent mes ancêtres. Il faudra donc que mon
fils me trouve une sépulture. Dans la doublure

de ma robe, il coudra des lettres de recomman-
dation pour les Cieux Occidentaux. Peut-être
pourrais-je ainsi ne pas trop souffrir des ri-
gueurs du voyage.

« Vous ai-je montré le cercueil où je dormi-
rai? J'ai déjà choisi mes planches de longévité.
Elles ressemblent au tronc d'un arbre et m'ont
coûté plus de trois cents taëls. J'y serai couché,
sur un lit de coton et de chaux vive, un éventail dans une main, une prière peinte sur papier dans l'autre. Si ma sépulture n'est pas
prête, sans doute me gardera-t-on, quelque
temps, dans la chambre des ancêtres où, jour
et nuit, de l'encens brûlera. Le cercueil sera
placé sur des tréteaux. Ma famille se réunira
chez moi pour recevoir les condoléances, et
mon fils aîné, s'étant rendu au puits le plus
proche, y jettera de l'argent, une juste somme,
afin d'acheter assez d'eau pour laver mon corps.

« Malgré ces précautions, combien de dan-
gers me menacent! Ah! pourvu que mon cercueil ne soit pas pris en gage par des créanciers
avides! Il faudrait alors que mes enfants le

leur retirent, ou qu'ils se donnent en esclavage pour sauver la dépouille de leur père.

« Si rien ne s'y oppose, au jour de mes funérailles, un repas sera préparé, à l'entour du cercueil. Les hommes de ma famille, vêtus de toile à sac, s'agenouilleront auprès, frapperont la terre de leur front, accompliront, en un mot, tout le cérémonial de politesse édicté par les bienséances. Puis, les femmes se lamenteront d'une voix très perçante et très aiguë, afin de montrer qu'elles souffrent beaucoup, et leurs cris seront accompagnés par le son de plusieurs instruments.

« Mon cercueil sera porté sur un catafalque par soixante-quatre hommes ; les charrettes qui suivront seront couvertes de toile blanche, et hanarchées de blanc seront les belles mules du cortège.

« Le lieu de ma tombe doit être fixé par un géomancien. C'est là un devoir délicat, pour lequel la sagesse même ne suffit que doublée d'expérience, car il faut un lieu que n'éclaire nul rayon d'étoile maligne et sous lequel ne rampe nul dragon. De plus il convient que, de ma tombe ornée de buissons et de fleurs, la vue soit belle, étendue et variée.

« Si j'étais de plus noble lignage, ou si le sort m'avait octroyé une haute fonction publique, j'aurais même une ou deux paires de statues pour garder mon repos. Mais la modestie convient à l'homme de situation modeste ; désirer ce que l'on ne peut avoir signale l'âme de l'insensé.

« Quand viendra le jour de mon enterrement, qui sera, je pense, le dernier jour faste qui suivra la troisième semaine après ma mort, mes amis se réuniront chez moi et des musiciens suivront le cortège dans lequel seront portées, séparément, les tablettes de mes ancêtres.

« Il faudra que, par bienséance, mes fils prennent l'expression d'une douleur poignante ; les femmes, de nouveau, pousseront de grands cris, ce qui leur est toujours une tâche facile : elles savent se plaindre mieux qu'une charrette, un jour de pluie, car chacune a, dans la bouche, un essieu tournant.

« Mes amis seront de blanc vêtus. Les esprits errants et mauvais dont je croiserai la route, apaisés par de la semence de monnaie, se montreront aimables, les génies les plus malfaisants ayant une suffisante sottise pour confondre un taël d'argent avec sa figure en carton.

« Quand on m'aura descendu dans la tombe, on tirera un feu d'artifice, on fera des libations, on récitera des prières et l'on brûlera l'image en papier de tout ce dont j'aurai besoin au pays des Ombres, image d'une maison, images de vêtements, images de chevaux et de quelques lingots d'or.

« Après la cérémonie, trente jours durant. mes fils ne se raseront plus le haut de la tête et ne changeront pas leurs habits. Ils garderont une apparence négligée, car la douleur ou les bienséances leur auront ôté le goût d'une tenue correcte. Enfin, sur la tablette que l'on placera dans la salle des ancêtres, on inscrira mon nom et, si modeste qu'elle soit, la fonction que j'ai remplie dans l'Empire, car remplir une fonction est le bonheur suprême, ainsi qu'on

peut le lire au fronton de toutes les Académies.
De la sorte, je serai mort avec bienséance ».

Mon interlocuteur me faisait, en achevant
son discours, une petite grimace de mépris. S'il
l'avait osé, comme il eût volontiers ajouté :

« Voilà comment nous mourons en Chine,
voilà comment on traite notre dépouille! Cela
ne vaut-il pas mieux que de pourrir, à la manière honteuse des barbares d'Occident, entre
six planches de mauvais bois dont se régaleront
les vers... sans bienséance? »

Shang-haï.   *28 janvier.*

Quand je serai rentré chez moi, il me faudra
écrire un portrait de mon compagnon de
voyage, afin de me préciser, à moi-même, son
caractère. Je tâcherai d'être judicieux et fin,
voire spirituel (je n'y parviens qu'avec un peu
d'effort). L'agencement des phrases devra sem-
bler harmonieux; quelque vocable, bizarre ou
placé de façon singulière, sollicitera le lecteur

et l'arrêtera sur des phrases où je me serai complu à glisser une idée neuve (je veux dire une idée que je n'aurai pas employée).

Si je réussis le portrait, ce sera peut-être du bon ouvrage où l'on pourra retrouver quelques traits du modèle, mais cela n'est encore qu'un projet. Dès aujourd'hui, je veux parler ici de mon compagnon et de moi-même, sans phrases et sans subtilités, puisqu'aussi bien, dans peu de jours, nous irons chacun vers nos destinées et qu'elles nous mèneront à des ports déplorablement distants l'un de l'autre. La géographie du monde a de ces fantaisies! D'autre part, je me sens trop paresseux pour mettre au courant mon carnet de notes et la rue me semble trop froide pour offrir une promenade agréable.

Notre voyage s'annonçait bien. L'un et l'autre nous y avions rêvé copieusement : mon compagnon, après s'être renseigné dans les livres, moi, après avoir écouté le résumé qu'il me fit de ses recherches. Néanmoins, j'avais lu quelques volumes, ou plutôt j'en avais regardé, successivement, toutes les lignes. La Chine, à mes yeux, n'était pas encore un pays, mais une figure peinte sur les atlas et qui correspondait bien à mon désir. Lire des livres? A quoi bon! Y goûter... Oui, tout au plus. Dans le total de mes belles vertus intellectuelles ou morales, je n'ai jamais pu compter l'honnêteté. Et pourtant, précisément à ce point de vue, la compagnie indiscontinue (pourquoi ce mot? « continuel » étant si simple à écrire?) de Segalen m'a été d'un bénéfice que je tiens aujourd'hui pour assuré. J'ai appris à regarder plus simplement un paysage, à m'occuper du sens de ses lignes et de leur composition, plus que de l'écho des formes et des couleurs qu'il faisait naître en moi. Voilà toujours ce mur où je vais donner du nez! Mon compagnon a fait des sciences, assez pour, non point augmenter sa sensibilité intime, mais la doubler d'une sensibilité seconde, celle d'un appareil enregistreur intelligent et qui saurait choisir. — Ma situation est autre. Dès que j'ai fini de sentir, je ne vais pas plus outre, sauf en matière de belles-lettres. Celles-là, je crois les posséder suffisamment pour disserter, discuter, ergoter et discourir, du crépuscule le plus précoce aux petites heures du matin, car, lorsque mon sac est vide, je le remplis à nouveau et sans peine de paradoxes outrageux, d'affirmations gratuites et de faux-semblants. Les autres sciences s'inventent avec moins d'aise, on ne les invente même pas du tout, et je ne me vois pas, fût-ce dans mes meilleurs jours, improvisant des gentillesses sur les vertus du triangle rectangle. La causerie de Segalen m'a donné de la prudence. — Sa compagnie m'a appris encore ceci, qui paraît simple, mais était pour moi d'une étonnante nouveauté : chez un être doué d'un certain bon sens, se croire stable suffit parfois à le devenir; je l'ignorais, sauf en matière d'équitation : croire que l'on ne tombera point donne de l'assiette. Je l'eusse à la rigueur admis pour le courage physique et moral : croire que l'on osera, c'est oser déjà beaucoup, — et j'avais abondamment usé de ce moyen dans les questions d'art, mais, pour la stabilité intellectuelle, je ne croyais pas l'ordonnance efficace. Et cependant elle l'est. Mon compagnon n'admettait pas ces jours de spleen et de déséquilibre, cette fuite incessante de ma volonté, ces angoisses, ces retours douloureux, cette géhenne d'ennui, d'agitation et de fièvre superflue. Je dis bien : il ne l'admettait pas. Il s'y intéressait si peu que je suis arrivé à ne plus m'y intéresser moi-même. Or, nous voici près de la fin de notre voyage. Il eut ses heures dures et ses heures ennuyeuses. C'est avec stupéfaction qu'en toute sincérité je me dis : j'ai vécu les unes, le cœur joyeux, et n'ai pas senti la peine des autres. Aurais-je donc retrouvé mon assiette? Voyons ce que demain va m'apporter, mais, si je ne rêve pas de manière trop optimiste et que, vraiment, je puis rentrer chez moi, m'asseoir dans un fauteuil et regarder autour de la pièce, sans avoir les yeux pleins de larmes, avouons-le, c'est un bien glorieux cadeau que mon compagnon m'aura donné, comme viatique de retour.

Canton. *26 février.*

. Dans cette pagode qui, du dehors, semble haute de deux étages, vit un grand Buddha solitaire dont la statue d'un roux sombre occupe tout l'intérieur, les pieds faisant face à la porte, et le front coiffé de bleu touchant presque la voûte. On le laisse seul, sous sa cloche, tout seul. Nulle fumée d'encens ne monte vers le nez largement ouvert; pas un adorateur ne vient se prosterner au bas de la robe d'or. Et pourtant je ne le crois pas malheureux, car les oiseaux du ciel entrent librement par de minuscules fenêtres toujours ouvertes; ils nichent dans ses vingt-quatre mains tendues, piaillent, gazouillent, font leur ramage, se querellent et chantent autour de lui, apportant au géant immobile qu'entoure une pénombre à peine trouée par quelques flèches de soleil des nouvelles de ce monde extérieur où passe le vent, où frissonnent les forêts, que le jour enchante

et qu'enrichissent les moissons, monde magnifique qu'il étreindrait si bien de ses bras
nombreux, monde libre, séjour aéré de ces
mêmes hommes qui ont enfermé leur dieu
entre quatre murs étroits.

Mais le Buddha se console en écoutant chanter ses oiseaux.

Canton.   *27 février.*

J'ai fait hier la connaissance de M. et Mme C...,
anglais tous deux et de parfaite éducation,
m'a-t-on dit. On me disait aussi à leur propos :
« Après ce long voyage, quel plaisir ce sera,
pour vous, de causer avec de vrais gens du
monde ».

J'ai passé toute la soirée en leur compagnie.
Jamais, leur souvenir ne me quittera. Je ne
puis penser à l'un sans me rappeler l'autre, je
ne saurais les séparer : ils sont trop unis. Lorsqu'un salon, une table ou la simple décence
les séparent, ils se mangent des yeux. Ils se

rapprochent, dès que l'occasion s'en présente.
Ils se joignent, ils se pressent les mains, ils
murmurent de douces paroles, ils se frôlent.
ils se caressent, et soudain, n'y tenant plus,
simulent, fût-ce en public, un enlacement. Sur
un plan idéal, on dirait qu'ils ne sortent jamais de leur lit; à tous les moments du jour,
jusqu'à ceux d'une visite officielle, ils aspirent
à se mieux connaître. S'ils étaient beaux, le
spectacle pourrait plaire, mais regardons-les...

Elle, pointue de toutes parts, est un composé
de cordes et de salières. Son décolleté crie fa-
mine, ses mains laissent deviner le squelette,
ses bras sont secs, sa taille est de bois, ses
hanches n'existent pas encore. Jeune, mais
sans chair, blonde, mais sans couleur, elle a
des yeux bleus qui pourraient, tout aussi bien,
être d'une autre teinte... au fait... sont-ils
bleus? Séparée de son mari, elle veut qu'on
lui fasse la cour; ces attentions sociales, elle
les proposerait, elle les provoquerait au besoin;
puis elle joue à la femme du monde, se glorifie de boire du champagne, fait des compa-

paraisons entre Paris qu'elle n'a jamais vu et Londres qu'elle adore, parle beaucoup de ses voyages, et se tient pour héroïque d'être venue jusqu'à Canton.

La voici en plein flirt avec son voisin : elle minaude et joue de l'éventail. Elle a dû lire dans un roman la description de ces gestes. Brusquement, elle se tait, son œil s'illumine, elle vient d'apercevoir l'homme qu'elle adore. Du flirt entrepris, il profitera plus tard, bientôt, ce soir même, n'en doutez pas.

Quant à lui, je crois que c'est un petit garçon rasé, blond, aux yeux clairs, souriant et bien élevé, mais je ne l'imagine et ne l'ai guère vu qu'enlacé à sa femme; je distinguais mal les personnes du groupe. De lui, je ne puis donc rien dire.

La partie de bridge vient de s'achever. Le jeune couple paraît nerveux. Elle a des frémissements dans les pieds; lui, claque des doigts et s'agite. — Soyons charitables, laissons-les partir, ne les retenons pas : ils veulent se coucher.

Canton. *1ᵉʳ mars.*

Bientôt, je serai seul. Demain, je quitte mon compagnon de voyage qui reste en Chine, l'heureux homme, et retourne à Péking ; aujourd'hui, je me sépare de Yang, notre interprète et, si fort que je m'en défende, la lourde peine que je ressens à perdre, pour longtemps peut-être, l'ami très cher près de qui j'ai vécu tant d'heureuses et belles journées, ne me fait pas oublier le départ du serviteur qui nous accompagna.

Dès l'abord, la figure de Yang m'inspira confiance. Je ne me trompais pas. Tout le long du voyage, Yang se montra dévoué, scrupuleux, d'une parfaite honnêteté, actif, intelligent et débrouillard. Assez illettré, au point de vue chinois, il fait oublier ce grave défaut par une entente prodigieuse des affaires. En affaires, il se montre prudent mais audacieux. Cette audace est, d'ailleurs, une vertu qui lui manque

FIG. 20. — Jonques à Canton.

27 février.

dans la vie active. Il faut bien l'avouer, Yang
n'est pas courageux, néanmoins, pour ne pas
perdre la face, il lui arrivera, maintes fois, de
s'engager dans des actions entreprises par ses
maîtres, tout en ne gardant pas un poil sec.
C'est ainsi que, chez lui, l'amour-propre rem-
place la vaillance.

J'ai pour ce gros garçon, facilement in-
fluencé, toujours poli, lourdaud d'allures et
d'esprit fin, une réelle affection. Ses idées
métaphysiques, d'un agnosticisme injurieux,
m'amusent. Son intelligence est, en outre, fort
estimable. Il rêve, pour son retour à Péking,
des combinaisons industrielles merveilleuses,
qui réussiront, je pense. Enfin, cette honnêteté dont j'ai déjà parlé ne cesse de me sur-
prendre. Yang ne saurait admettre que nous
fussions volés. Il discutera jusqu'à la dernière
sapèque et ne comprendra pas qu'on le remer-
cie. Si je lui témoigne mon contentement, je
reçois toujours la même réponse : « C'est mon
service ». Il a beaucoup fréquenté les Européens et leur reste attaché, depuis qu'un chi-

rurgien anglais l'opéra, tout jeune et très proprement, d'un vilain bec-de-lièvre, dont il ne reste presque plus trace.

Yang nous quitte donc, aujourd'hui. Je lui tends la main. Il la prend et murmure tout bas :

« Au revoir, Ta-jen! »

Il m'appelle ordinairement : Monsieur. Pourquoi revient-il à sa langue natale pour me faire ses adieux? Serait-il ému, par hasard?

« Au revoir, mon brave Yang! »

Et je me dis à moi-même :

« Imbécile! tes yeux sont pleins de larmes! Tu ne vas pas pleurer parce que tu quittes ton interprète chinois, si fidèle qu'il ait pu se montrer! Ne perds pas la face! Tiens-toi mieux! »

Je reprends, d'une voix plus affermie :

« Je suis content de vous, mon brave Yang. Vous avez très bien fait votre service.

— Merci, Ta-jen ! ».

Et Yang-siao-fou s'en va.

Canton.   *2 mars.*

Comme on reste soi-même! L'entreprise d'un long voyage n'est rien de plus, au demeurant, que l'emplette d'un miroir nouveau. Quelque temps, votre image vous semble changée, plus vivante, plus humaine, mais, un jour, vous vous reconnaissez et, ce jour là, le voyage est fini.

Je me suis regardé dans la Chine, comme, chez moi, je me regardais dans un livre, dans un tableau, dans le spectacle de la rue. — Peut-être, ici, ma figure est-elle joyeuse... peut-être... mais, à coup sûr, ce n'est pas la Chine que je vois !

Qu'ai-je gagné à courir de Péking à Canton, les yeux grands ouverts? Qu'ai-je gagné à contempler les folles architectures de la Terre Jaune, les vergers flamboyants de fruits lourds, les eaux débordées d'un grand fleuve, les neiges de la Montagne Sacrée? Qu'ai-je gagné à voir

tout cela? J'ai fortifié mon désir de voyager
encore, de voyager plus loin, en me donnant
des facilités nouvelles, des moyens inédits...
Rien d'autre... Voyager n'est qu'un appren-
tissage.

De ce que j'imaginais, naguère, je pourrai,
bientôt, me souvenir... Hélas, ce sera pour
espérer la reprise de ces actions. Je voudrai
les revivre plus complètes et plus intenses,
dans un autre canton du monde. Sans fatigue,
sans ennui, je touche à la fin de ma belle
course. Suis-je possédé de cette fièvre du retour
dont parlent les voyageurs? Non pas, je compte
me reposer, quelques semaines, près de mon
feu, les pieds aux chenets, bourgeoisement, —
rien de plus ! C'est là une envie calme, rassise,
bien plus un projet mûri qu'un désir. De
même qu'après une course à cheval un peu
vive, j'eusse décliné l'offre d'engager, aussitôt,
une seconde randonnée, de même hésiterais-
je, demain, à partir, tout incontinent, pour
l'Amérique.

Et, cependant, ne me parlez pas de voyages ! C'est plus prudent : je vous suivrais de trop près dans vos rêves et j'empoisonnerais, ainsi, mon repos, car l'Amérique centrale est pleine de séductions (Quezaltenango ! Tegucigalpa ! quels vocables !) et les canaux de Magellan sont uniques, et les îles de la Polynésie (oh ! les beaux soirs de Moorea !) charment leur visiteur, et l'archipel malais promet une longue ivresse, et les pagodes birmanes, et les geysers d'Islande, et ce rocher lointain, et cette chaîne neigeuse, et ce lac vert, et ce fleuve, et cette fleur ignorée, et cet oiseau que je ne connais pas !

Taisez-vous ! Taisez-vous donc ! je rentre chez moi, demain.

A bord de l' « Ernest-Simons ».

Un soir quelconque d'avril.

Nous sommes en vue d'Aden. Certes, je ne descendrai pas à terre : il fait trop chaud ; je n'ai de goût à rien, Je ne savais pas qu'une fin

de voyage pût être à ce point suppliciante.
Que la chaleur augmente encore, peu m'importe ! mais donnez-moi une jonque, à la place
de ce paquebot ! donnez-moi des pagodes, des
rizières, des falaises, une forêt, des faisans qui
se lèvent, des dragons sculptés, des villages
puants, des toits en sabot, des villes délaissées !
donnez-moi un cheval surtout ! un cheval ! un
cheval ! mon royaume pour un cheval !

A qui parler, dans cette auberge flottante ?
Sauf un capitaine d'artillerie coloniale, très
cultivé, très fin et qui a mené noblement sa
carrière, je ne vois que des grotesques. Toute
l'humanité se composerait-elle de gens pareils ?
Il faudra donc vivre, en France, parmi ces
êtres-là ! il faudra leur parler, subir le récit de
leurs aventures, écouter les historiettes qu'ils
débitent !... finir par leur ressembler !

Voici le couple A. — Lui est un tout petit
homme, recuit par l'absinthe, au crâne chauve
et furonculeux ; elle, une femme brune, aux
traits masculins, et douée d'une effrayante
voix de gendarme. Je l'ai entendu appeler son

époux : « chéri ! » d'un bout à l'autre du pont.
Cela paraissait d'une inconvenance suprême.

Voici Monsieur B. — Cet avocat de Hanoï est
un bon garçon, très vulgaire. On peut causer
près d'un quart d'heure avec lui, sans fatigue.
J'ai rencontré peu d'êtres plus sociables, moins
lents à se lier. Dès la chute du jour, il vous
tutoie et, d'une voix sonore qui roule et rebondit, conte, dès le matin, à qui veut les entendre, des histoires obscènes ou scatologiques,
qu'il accentue par quelques gestes appropriés.
Il joue aux dames, fort bien, ma foi, ne s'inter-
rompant, entre deux parties, que pour placer
une nouvelle anecdote qui renchérit encore sur
la précédente. Ce décaméron de corps de garde,
il le ponctue par les éclats d'un rire énorme,
vraiment joyeux.

Voici le couple C. — L'homme, ingénieur
de son métier, ne s'intéresse qu'à la culture
physique. Il fait de la boxe, il en parle, il lit
les journaux qui la célèbrent, il en discute les
finesses, il y pense ; — il ne pense pas au-delà.
Quand il démontre l'excellence d'un coup de

poing, sa femme, une longue fille aux cheveux cendrés, déjà vieille, qui semble toujours lasse, se soulève un instant sur sa chaise-longue, frémit, puis retombe, blessée.

Monsieur D... (un ventre, des bajoues, une barbe fleurie) revient du Japon où il rassembla ce qu'il nomme des « objets d'art ». Il me les a montrés, comme d'ailleurs à tout le monde. Il a su choisir et payer fort cher ce que l'on produit et vend, là-bas, de plus laid, de plus vulgaire, de plus banal.

Monsieur E..., un vieillard aux traits fins, a une figure expressive encore, et de longues mains intelligentes. Regardez-le, mais ne lui parlez pas : il est gâteux, absolument, profondément, sans rémission. Je ne trouve rien d'autre à dire de lui. Je répéterai donc qu'il est gâteux.

Monsieur F..., depuis le départ de Saïgon, dispute de politique. Il résout des problèmes sociaux, abroge certaines lois, en édicte d'autres, appelle aux armes, mène à la victoire, rectifie des frontières, impose des traités qui assurent au monde une paix éternelle. Il est percepteur.

Et voici Mademoiselle G. — Elle représente à notre bord la luxure. Contre une juste redevance de cinq louis, elle apaise les fièvres, non sans habilité, d'ailleurs, et en y mettant même un certain entrain. Ce dut être, là, une belle fille, mais sa vie trop active l'a un peu fatiguée. Tous les ans, elle va de Marseille à Saïgon, à Canton, en Amérique du Sud, pour placer des chapeaux. Elle ne répugne pas à placer aussi ses charmes. Elle porte, élégamment, de fort agréables toilettes que les épouses honnêtes regardent avec un mépris qui m'amuse, et beaucoup d'application. Elle n'est point sotte, mais sa conversation représente, parfois, ce que j'ai entendu de plus ordurier sur des lèvres de femme. Conversation de maison close, sans gaieté, sans esprit ; propos abjects, qu'une façon d'érudition exotique amplifie. Elle vous décrira ce qui ce fait de mieux, d'Egypte au Venezuela, comme jeux de chair, et de moins commun, et de moins simple...

elle dit de plus « distingué ». Elle en parle sérieusement, avec méthode. Elle rit, de temps en temps ; on dirait d'une porte qui grince. Son visage fardé me devient, bientôt, intolérable. Je m'éloigne au son de sa voix. Je ne puis plus supporter ses discours, ce flot de lie, coulant d'un goulot à cachet rouge.

Quelques voyageurs débarquent pour visiter Aden. Je ne veux pas les suivre ! je ne veuxpas !

A Monsieur Victor Segalen,
Péking.

Paris.   *12 mai 1910.*

Voilà ! je me suis réveillé !

Je vous écris à ma table, que l'on a nettoyée des poussières d'un an, mais la feuille de papier buvard, dans mon sous-main, est la même encore ; elle porte ma signature d'il y a onze mois, très noire et renversée... la fin d'un adieu, sans doute.

Ma lampe fait, dans la pièce, une présence rouge; quelques livres, non coupés, sont empilés sur une chaise. Il faudra lire tout cela ! il faudra s'intéresser aux romanesques chagrins de Raymond, à la prostitution de Madeleine, aux sourires de Béatrice, à tant d'autres choses prévues, à tant d'autres fadaises, à tant d'autres pauvretés ! Et puis, il faudra dire merci, flatter l'auteur, trouver une louange : une louange, hélas ! qui lui soit agréable.

Il pleut... bien entendu ! Il pleut de façon lugubre, désolante : une pluie de cimetière... Vous vous y attendiez un peu, n'est-ce pas, mon ami? La pluie, cette pluie, convenait à mon retour !

Une voiture s'arrête devant ma porte ; des automobiles cornent... Ah! je voudrais, dans ce pan de soie bleue, respirer le parfum de mes rêves de Chine !

Je tâche à me souvenir des fruits, des fleurs, des arbres bigarrés.

Vous rappelez-vous cette vallée sombre où vivait tout un peuple de thuyas tors? leur feuillage était d'un si beau velours qu'on l'eût dit découpé dans une des robes de la Nuit.

Vous rappelez-vous ce hameau de la plaine où nous sommes arrivés, un soir, battus par le vent jaune qui soufflait les lanternes?

Vous rappelez-vous cette tête de Buddha, qui souriait toujours, d'un tel et si méprisant sourire que nous n'osions plus regarder la face d'or?

Ah! non, voyez-vous, c'est bien fini!...

Tournons la page.

Et quand je pense que je n'ai rencontré en Chine, ni le Dragon, ni le Phénix, ni la prestigieuse Licorne.

Fig. 21. — Victor Segalen én Chine.

LE SOUVENIR

DE

VICTOR SEGALEN

LE SOUVENIR
DE VICTOR SEGALEN

... Mais comment l'avais-je d'abord connu, ce compagnon de qualité si rare? quel hasard amena, au juste, l'invention de notre premier projet et quels furent les résultats de la randonnée entreprise? — Ces pages vouées au souvenir de mon ami l'expliqueront un peu. Dans les premières, il me faut remonter en arrière et dépasser de loin, dans les dernières, la date finale du récit précédent.

◼

Quelque sept ans avant la guerre, Claude Farrère, embarqué à Toulon, m'avait, un jour, donné rendez-vous sur le quai de la Vieille

Darse, pittoresque et puant selon sa coutume d'été. Nous devions passer l'après-midi ensemble et je l'attendais, assis à la terrasse d'un café minuscule. Bientôt, je vis approcher son canot, mais quand il sauta à terre, ce fut pour me dire que, devant retourner tout de suite à bord du *Saint-Louis*, où le rappelait son service, il me fallait, deux heures encore, trouver à me divertir sans aide. Il me quittait en me serrant la main lorsqu'une idée charitable l'arrêta : « Tu t'ennuirais trop ; tiens, je vais te faire connaître quelqu'un avec qui tu pourras causer ». Sans que j'eusse le temps de donner mon avis, il retint un médecin de la marine qui lui disait bonjour en passant, bredouilla des présentations rapides, et partit.

Je déteste ces surprises. Rien ne me déplaît davantage que d'avoir à causer *ex abrupto* avec un être qui m'est tout à fait étranger, dont je ne sais rien, et que l'on m'impose. J'invitai néanmoins ce compagnon inattendu à s'asseoir près de moi devant une boisson fraîche et je tâchai, mélancoliquement, de me montrer courtois. D'abord, la conversation ne laissa pas d'être assez peu suivie, sinon languissante : nous errions de droite et de gauche, à la recherche d'une admiration partagée, d'un point d'intérêt commun, voire d'un sujet de débat qui permît de nous réunir. Il se trouva, soudain, en plein Pacifique, dans une petite île, très lointaine, très inconnue. De ce lieu du monde, je me souciais un peu, à cause de certaines lectures, mais lui, mon interlocuteur, l'avait visité ; il en avait foulé le sol. C'est là que se fit ma première rencontre utile avec Victor Segalen.

Quelques instants plus tard, nous causions activement et je commençais à deviner le vrai visage de cet homme, à entendré le vrai son de sa voix. Ses yeux s'éclairaient, ses gestes devenaient significatifs, un rire plaisant égayait ses phrases, et d'autres phrases, dont il voulait préciser le sens, étaient durement martelées par son débit; enfin des saillies brusques d'une ironie qui ne ménageait rien donnaient à quelque critique, à la présentation schématisée d'un caractère, au simple rappel d'un souvenir déplaisant, une intensité presque sauvage. Ce qu'il détestait, il ne se contentait pas de vouloir le détruire, il le lacérait avec des mains joyeuses, il le mettait en lambeaux et en présentait les pauvres dépouilles à la risée publique; mais ce qu'il aimait, il l'aimait bien. Quel enthousiasme, quand il parlait avec abondance et minutie, sur un ton exalté, en phrases sans bavures, de voyages lointains, de ces terres australes dont il signalait la vertu, et des mérites subtils qu'il trouvait à l'exotisme ! Il m'éblouissait, moi, voyageur modeste pour qui le vaste monde représentait surtout un sujet de rêveries, et nous eussions, longtemps encore, de conserve, couru la poste en imagination, si un nouveau champ ne s'était offert à nos entretiens quand j'appris que Victor Segalen allait publier, sous le pseudonyme de Max Anély, un livre intitulé *les Immémoriaux*, fruit de son séjour à Tahiti, un roman où il contait l'histoire de ce peuple sans histoire, sans traditions qui vinssent l'asservir ou le diriger, et qui, vivant au gré de l'heure, souffrait cruellement, de ce fait même, des lois, de la morale et des conventions importées par les missionnaires européens. — Il aimait donc les belles-lettres, ce coureur d'aventures? Je ne me doutais pas à quel point il chérissait l'art, sa seule idole, et de quel intransigeant amour.

Lorsque Farrère, exact au second rendez-vous, reparut, nous étions lancés tous deux dans une de ces discussions littéraires où la volonté de ne rien omettre amène un beau désordre, où néanmoins l'on sous-entend les parties essentielles du discours, où l'on va dans tous les sens, où l'on touche à tout, histoire, philosophie, religion, où l'on cherche à vider au plus vite une hotte lourde d'opinions, d'arguments et de ripostes, quitte à les verser à terre, n'importe comment. Loin de nous concilier, de nous apaiser, la survenue de Farrère nous ranima d'un feu nouveau, car il avait lui aussi son mot à dire, et la discussion entreprise se perpétua au café du « Coq hardi » où nous bûmes un apéritif, puis à « la Rotonde » où nous dinâmes, et ainsi de suite, en divers lieux de la ville, jusqu'aux petites heures du matin.

Le lendemain, je m'étais fait de Victor Segalen une idée non point complète, à coup sûr, mais moins sommaire, plus approchée : celle d'un vaillant esprit d'abord étouffé par une éducation étroite de province dont il s'était libéré presque sans aide et de vive force. De cette révolte, il gardait un involontaire tremblement. Cela n'offrait certes rien de drôle quand il se décrivait échappant à grand'peine aux flonflons de *Miss Helyett*, aux romans de Georges Ohnet, à la peinture, à la poésie de même niveau : on croyait assister à une représentation de guignol exaspéré, sincère et sans mesure, pour adultes. Là n'était point, d'ailleurs, ce qui me requérait en lui : l'enfant prisonnier dans une cage bourgeoise, l'adolescent qui souffre de ses œillères, l'insurgé sympathique, sont des figures connues, souvent décrites, dont la puissance émotive faiblit quelque peu, se banalise ; d'autres attraits me retenaient chez ce jeune médecin de la marine, mince, sec, observateur de ses gestes et de ses paroles, discret jusqu'au secret, violent jusqu'à l'extrême injustice, silencieux, presque boudeur, puis bavard comme un enfant qui s'amuse, parce qu'une idée plaisante avait passé. Vraiment, il rayonnait d'intelligence ; son regard myope, de cette myopie qui lui avait coûté sa carrière d'officier de marine, révélait une curiosité inlassable, insatiable, pour ce qui était noble, haut, pur et singulier à la fois, fort et mystérieux. Jamais je n'avais vu, jamais je ne revis un si parfait exemple de l'homme possédé par l'art (je ne dis pas seulement par son art : par tous les arts, par l'art tout entier), séduit par le spectacle de la beauté en tous les lieux, en tous les temps, par un paysage de Touraine ou de Polynésie, par le sourire d'une femme vivante ou celui, évoqué, de Cléopâtre voguant sur le Nil, et cette curiosité débordante se doublait d'une sensibilité au moins égale.

L'exotisme l'avait en quelque sorte nettoyé de son éducation bourgeoise ; il le savait, il lui en rendait grâces, de même qu'à Rimbaud qui l'avait éloigné de la prose rampante, à Gauguin

qui lui avait révélé une peinture qu'il ne soup-
çonnait pas, à Debussy qui lui ouvrait un
temple résonnant de musique inouïe. C'était
une de ses qualités maîtresses que de n'oublier
jamais les bons offices, et comme il parlait
avec éloquence de Jules de Gaultier qui lui
avait montré, en philosophie, une voie nouvelle, et qui, plus tard, devait définir son
œuvre avec une si pénétrante intelligence!

Ceux qui s'évadent ainsi, après avoir brisé
leurs chaînes, en conçoivent, à l'ordinaire, un
orgueil insupportable, manifesté par le dédain
des règles. Leur lyrisme, ennemi de toute
contrainte, ne se plaît qu'à une liberté trop
souvent inutile et leurs chants dévoyés de-
viennent avant peu des chants perdus. Segalen, tout au contraire, fut économe de son
souffle et ménager de lui-même. Ses plans, ses
projets, ses aspirations les plus folles, se dou-
blaient de quelques notes esquissant une mé-

thode, indiquant les points sûrs dont le lieu paraissait fixe, limitant l'imaginaire du rêve par le souci constant de l'exprimer. Ses manuscrits en font foi : leurs marges sont noires, mangées de droite et de gauche, rayées de critiques, surchargées d'indications, de propositions nouvelles, parfois piquées d'une phrase pleine d'ironie où l'attention s'arrête. Dans ses brouillons de romans, de drames, d'essais ou de poèmes, l'auteur n'a sans doute pas encore trouvé le chemin auquel il se tiendra, mais il s'en rend compte et prend ses mesures. Si, poursuivant la course engagée, il lève les yeux vers le ciel ou, tout au loin, scrute l'horizon, ce n'est pas pour bayer aux corneilles, c'est pour s'orienter. Les règles acceptées au hasard, par habitude, faiblesse ou timidité lâche, ah ! non, il n'en voulait point! il voulait sa règle, sa règle à lui, plus vigoureuse peut-être, convenable à son objet et choisie.

Déjà, dans nos causeries du début, je fus frappé chez Victor Segalen de cette double tendance animatrice, l'une, si audacieuse, si violente, qui lui faisait tenter l'aventure esthétique en son entier, jusqu'à toucher ses frontières ultimes, dût-on y rencontrer l'inconnu et s'y perdre, — l'autre, si sage, si prudente, qui ne le ramenait pas en arrière mais offrait une base sûre où se replier au besoin, une logique éprouvée qui permît de raisonner avec confiance, un exemple enfin de beauté certaine, pour servir d'étalon ; et tout de même que la tendance audacieuse se fondait sur sa curiosité, son courage et son goût inlassable du nouveau, de même l'autre trouvait une force permanente en son sens de la tradition, son goût de l'œuvre achevée, son culte souverain du beau.

Or, un soir que nous nous entretenions du plaisir que l'on prend à courir le monde et que, dessinant des itinéraires supposés, nous tâchions de savoir si Bornéo, Célèbes et les îles environnantes promettent plus à l'utopiste que la Chine occidentale ou la Birmanie, une question se posa, très inattendue bien que toute simple, déjà ravissante et qui nous émut l'un et l'autre : ce voyage, une fois défini, ce voyage qui réunirait en lui seul toutes les vertus de la longue randonnée par ce qu'il contiendrait de rêve et de réel, ce voyage dont la saveur naissait sur nos lèvres, pourquoi ne pas le tenter?

Et aussitôt le plan de la discussion fut changé. Il ne s'agissait plus d'imaginer, il fallait choisir, avec des raisons solides et louables. L'Afrique vite écartée, l'Amérique aussi (bien que les Andes chiliennes et Magellan eussent de quoi séduire), la Malaisie et les îles nous retinrent quelque temps, le Japon étant laissé aux touristes, mais l'Asie continentale nous appelait d'une voix forte, la Chine surtout, la Chine peu fréquentée : les plaines de loess, le Kan-Sou glacé, le Sseu-Tchouan par lequel on monte vers le Thibet, les grands fleuves, enfin, dans leur haut cours, et ces autres contrées luxuriantes et lourdes qui mènent aux tropiques.

Émouvant spectacle que de voir Segalen inventer en quelque sorte un voyage enfermé jusqu'alors dans les livres, animer des cartes au dessin mort, évoquer une ville, les teintes d'un crépuscule, une contrée tout entière, nombreuse et diverse; fixer une distance, une altitude, un prix, marquer un but, sans oublier les moyens pratiques de l'atteindre, rêver, un instant, sur la belle rencontre que nous ferions peut-être au débouché de ce col neigeux, à cette chaude lisière de forêt; transposer en paroles de poème une action point encore entreprise et noter à l'avance, froidement, par

chiffres et dates, ses résultats et sa durée.
Heures passionnantes où nous préparions notre
enchantement, où nous limitions ses joies
pour qu'elles fussent plus vives, plus rares !
Devant nos yeux, l'image floue se précisait;
nous en connaissions les formes et les couleurs
essentielles, elle prenait son relief, à tel point
que les autres, trop vagues ou déjà vulgarisées,
perdaient tout prestige. Nous cédions à l'appel
de la Chine... On n'avait plus qu'à partir.

Quelques mois plus tard, nous nous retrouvions à Pékin.

De juillet en avril de ces deux années heureuses, que de beaux jours brûlants ou froids,
bleus ou gris, immobiles ou tourmentés ! que
de surprises ! que de plaisirs ! Nous avions, l'un
et l'autre, une fringale étrange et tout nous
était bon pour la satisfaire. De la plaine à la
montagne, passant des fleuves ou les suivant,
dans la neige et sous la canicule, à travers les

villes grouillantes ou de rayonnants déserts, nous promenions un insatiable appétit de voir, de mieux comprendre et de nous augmenter. Segalen était un prodigieux animateur de décors. Certaines apparences exotiques finissent par rebuter : on se sent transi de solitude au milieu de la foule vermineuse, consterné de tristesse en ces pays blancs où rien ne repose l'œil que, parfois, un lac de glace vaguement bleuté ou quelque nuage d'un rose plus froid encore ; on peut perdre la tête, quand le vent jaune vous assaille et vous remplit la bouche de poussière ; on se désole volontiers sous le soleil lourd ou dans les forêts suantes ; on se lasse de voir, tout le long du jour, ce fleuve invariable ou cette rizière monotone, et la nuit venue, de les sentir encore si près de soi… Avec un autre compagnon, peut-être ; avec celui-là, certes non ! Il avait le don essentiel du poète : il révélait la beauté des choses, il la rendait manifeste, et comment me plaindre que le torrent bouscule mon radeau, que les moustiques me harcèlent, que le gouffre, à ma gauche, bâille d'une gueule si méchante, alors que lui voit seulement la fantaisie de l'eau mobile et folle, la majesté tant de fois centenaire des arbres enchevêtrés et la splendeur dépouillée de ces hautes montagnes?

Tant de poètes retiennent leurs imaginations au tréfonds d'eux-mêmes et les brassent dans le recueillement d'un avantageux égoïsme; Segalen n'était pas de leur espèce : à ses amis, il livrait tout son rêve, il le déroulait devant eux. Secret et réservé de sa nature, il devenait généreux, par contre, quand il s'agissait de mettre en commun de la beauté, une vue intelligente du monde, une notation rare, un rapport d'idées inattendu, mais il ne se donnait pas, comme font les parleurs, pour le plaisir de s'entendre ; non, il présentait l'image

qui le hantait, afin que la ligne en devînt plus
pure, le chatoiement des teintes plus singulier, et l'idée, afin qu'elle gagnât en précision,
en certitude aussi, qu'il désirait persuasive.
Car il y avait chez lui, en dehors de toute
préoccupation morale ou sociale, une conscience si forte, si grave du rôle de l'artiste que
souvent sa parole prenait l'accent passionné
d'une exhortation esthétique. Il détestait le
laid, partout et toujours : il voulait que de
votre haine personnelle de ce laid vous lui
fissiez l'hommage, comme de votre amour, à
tout le moins de votre intelligence de sa conception du beau.

Sa conception du beau, elle s'assura durant
ce long voyage qui fut aussi une longue mé-
ditation. Ses projets prenaient corps, se forti-
fiaient, d'autres naissaient sous l'influence de
l'aventureux exil. La Chine lui montrait des
voies nouvelles, mais il n'oubliait pas les che-

mins anciens où il avait erré ; il comptait
finir ce livre, écrit en partie, qui faisait comme une suite aux *Immémoriaux*, récit de la vie
d'un artiste retenu devant ce même paysage
polynésien d'îles vertes encerclées d'eau bleue
et baignées de lumière. Cela s'intitulait *le
Maître du Jouir*, car Segalen s'inspirait du séjour aux Marquises de Paul Gauguin dont une
première étude littéraire, *Gauguin dans son dernier décor*, esquissait déjà la silhouette, et il
savait que le peintre avait baptisé sa demeure
à Hiva-Oa : la Maison du jouir. Plus tard,
beaucoup plus tard, Segalen revenait à ce
même sujet dans sa belle introduction aux
Lettres de Gauguin. Il ne devait rien publier
ensuite.

Autres projets : parachever deux drames,
l'un, *Siddartha*, qui redisait la vie du Bouddha
et pour lequel il s'était documenté durant un
voyage à Ceylan, l'autre, *Orphée Roi*, dont

Claude Debussy s'était engagé à écrire la musique et que l'idée musicale pénétrait et dominait comme la fatalité pénètre et domine un drame grec.

La lecture d'inscriptions chinoises rencontrées sur notre chemin lui suggéra, d'autre part, l'idée d'en inventer de nouvelles, de transposer ces lignes froides et de leur trouver une forme inédite, en prose française, vivante, ordonnée, rythmée comme un poème, et ce furent bientôt ces *Stèles* dont le charme divers, l'émotion souvent si aiguë et le curieux exotisme sans pittoresque vain devait faire une œuvre de grand prix.

Il pensait d'abord aux stèles chinoises que nous avions vues :

« Elles sont des monuments restreints à une table de pierre, haut dressée, portant une inscription. Elles incrustent dans le ciel de Chine leurs fronts plats. On les heurte à l'improviste : aux

bords des routes, dans les cours des temples, devant les tombeaux. Marquant un fait, une volonté, une présence, elles forcent à l'arrêt debout, face à leurs faces. Dans le vacillement délabré de l'empire, elles seules impliquent la stabilité ».

Ce que Segalen disait là des stèles de pierre pouvait se redire des textes qu'il nous livrait : tantôt lourdes d'une pensée concise et ramassée, tantôt chantantes et agiles, ces pages aussi « forcent à l'arrêt ». Certaines semblent d'une réserve austère, d'autres d'une poignante amertume ; certaines, plus secrètes, nous intriguent, nous ravissent par une subtilité curieuse ; il en est même de plaisantes ; d'autres décrivent avec des mots précieux et choisis, d'autres suggèrent ; j'en vois qui sont animées d'un beau souffle lyrique et d'autres, enfin, toutes secouées de fièvre barbare, comme celle-ci que je voudrais citer, intitulée : *Ecrit avec du sang.*

« *Nous sommes à bout. Nous avons mangé nos chevaux, nos oiseaux, des rats et des femmes. Et nous avons faim encore.*

« *Les assaillants bouchent les créneaux. Ils sont plus de quatre myriades ; nous, moins de quatre cents.*

« *Nous ne pouvons plus bander l'arc ni crier des injures sur eux ; seulement grincer des mâchoires par envie de les mordre.*

Nous sommes vraiment à bout. Que l'Empereur, s'il daigne lire ceci de notre sang, n'ait point de reproches pour nos cadavres.

« *Mais qu'il n'évoque point nos esprits : nous voulons devenir démons, et de la pire espèce :*

« *Par envie de toujours mordre et dévorer ces ces gens-là !* ».

Si violemment chinois que fût le ton de ces pièces, Segalen ne voulait point tenter à leur sujet une supercherie littéraire; il ne prétendait pas traduire : simplement, il traçait d'un

pinceau studieux de courtes proses inventées,
comme si l'Empereur les lui avait comman-
dées, jadis, aux siècles abolis, pour qu'elles
fussent gravées dans la pierre. Peu à peu, il en
augmentait le nombre, il les mit tout à fait au
point, il les réunit. Il eut le temps de les faire
imprimer lui-même, aux presses du Pei-t'ang,
à Pékin, et paraître à Paris, en 1912.

D'ailleurs, quand nous prîmes la voie du
retour, par le Grand Fleuve, au sortir des
montagnes du Ssseu-Tchouan, Segalen avait
d'autres préoccupations : une idée nouvelle
avait surgi par le hasard de la rencontre que
nous fîmes de notre ami Jean Lartigue, alors
enseigne de vaisseau à Tchong-King. Une révi-
sion scrupuleuse de notre voyage et les com-
mentaires qui s'ensuivirent obligeaient à nous
rendre compte que cette belle randonnée tou-
chait à sa fin, que bientôt nous retrouverions
la Chine maritime, si peu attachante pour ceux

qui se sont enfoncés dans les terres occidentales. Insupportable sensation à laquelle il importait de trouver quelque remède! N'y avait-il pas autre chose à tenter? Ne pouvait-on aller plus loin, voir le pays de façon différente et laisser de notre passage une trace mieux marquée? L'expédition entreprise par Jacques Bacot au Thibet, vers Nepemakô « le pays d'où l'on ne revient pas », nous donnait proprement le vertige... Quel sujet d'émulation? quelle incitation puissante à rêver!

Segalen était tenu de faire un stage de deux ans à Pékin, Jean Lartigue non plus n'était libre aussitôt et, pour ma part, il me fallait rentrer en Europe où mille devoirs me rappelaient, mais ensuite? Pourquoi ne pas élaborer, sans tarder, un projet nouveau? Et celui-là aussi fut décidé en peu de temps. Ce ne serait pas, cette fois, une aventure agréable, sportive et désintéressée, mais une initiative fructueuse, que l'on voulait fructueuse, à qui sa richesse n'enlevait rien de son charme. Dès ce moment, nous en arrêtions les grandes lignes.

On dit qu'au début du ive siècle avant l'ère chrétienne, le roi de Tshinn, convoitant le pays de Chou et connaissant mal les passes, imagina l'élégant stratagème de faire répandre, par delà les monts, le bruit qu'il possédait à sa cour des bœufs de pierre dont les excréments étaient d'or. Une ambassade fut envoyée par le roi de Chou pour solliciter le don d'une de ces bêtes. Afin de transporter dignement la statue, une route fut tracée de l'un à l'autre pays. Le bœuf, parvenu à la cour de Chou, refusa de servir son or et, le suivant de près, de puissants guerriers entrèrent au Sseu-Tchouan. Ce fut bientôt un protectorat de Tshinn, puis une colonie, enfin, à l'avènement des Han, historiquement, cette fois, une terre d'Empire.

Cheminant sur la route du bœuf de pierre, nous nous proposions de glaner avec recueillement ce que les siècles passés pouvaient y avoir laissé d'or. Lorsque de telles merveilles se cachent dans une contrée où la nature a des splendeurs étranges, par ses forêts vertes ou rouges, par ses montagnes lumineuses, tranchées à coup de hache sur des gouffres pleins de nuit, le voyageur, comme jadis le guerrier de la Weï, a droit de se dire sollicité. Entendez que là où une civilisation a passé, on risque de découvrir des trésors précieux, surtout lorsqu'une religion, le bouddhisme, a suivi, pour se glisser en Chine, la même voie.

Que de statues dorment peut-être sous la terre! que d'architectures à étudier! que de peintures et de manuscrits s'abîment encore et pourraient être sauvés! d'autre part, quel plaisir de refaire, dans la boucle du haut Yang-Tseu, une carte manifestement fausse!

C'était de tout cela que nous parlions à Tchong-King, Victor Segalen, Jean Lartigue et moi. On s'enthousiasmerait à moins.

Au cours de ce second voyage, qui devint une mission d'archéologie et d'hydrographie et que deux ans et demi séparaient du premier, Segalen se tourna plus spécialement vers l'étude de l'art chinois ancien dont nous rencontrions de si beaux exemples, vers l'étude aussi de la Chine ancienne, alors qu'elle était magnifique et vraiment impériale. Des séjours très prolongés à Pékin, à Tien-tsin, lui avaient enseigné la vie des villes, celle du peuple, la vie officielle autour du palais, la vie des grands de l'Empire, les intrigues et les influences, tandis que ses randonnées dans la Chine des provinces lni permettaient de connaître d'autres apparences de ce pays compartimenté à l'extrême. Les idées chinoises l'intéressaient ; il voulait les percevoir, non de l'extérieur mais du dedans, et s'en nourrir, au lieu de passer, comme l'Européen a coutume de faire, en souriant. A son avis, un sourire ne suffisait pas.

Au cours de ce voyage, nous apprîmes ses nouveaux projets, mûris durant sa longue retraite pékinoise : d'abord celui de donner à *Stèles* une suite avec un livre de *Peintures* et un autre d'*Odes*. Seul, le premier fut achevé et publié où, savamment décrites, il nous présente diverses peintures imaginées mais dont la composition, le dessein, la couleur et le détail ne pouvaient, à coup sûr, être plus chinois. Je passe sur des travaux d'archéologie, des traductions de textes, un ouvrage sur la statuaire chinoise, un essai sur l'exotisme, un « itinéraire » conçu dans le style de celui de Marco Polo : *la Queste à la Licorne*, un long poème, enfin : *Ode au Thibet*, pour en arriver au grand travail qui l'occupait, un vaste récit intitulé : *le Fils du Ciel*.

Ecrire la vie d'un empereur chinois, du dernier, mais comme eût fait, jadis, un annaliste de la cour, voilà ce qu'il avait entrepris; le montrer dans sa solitude, au milieu de la foule qui l'environne; dans son exil, lui qui est au centre même de l'Empire; dans sa faiblesse, lui qui détient le pouvoir suprême; dans son humanité la plus quotidienne, lui qui est si près du divin! Vaste sujet, pour lequel tant de notes furent accumulées! Nous entrions dans le for intérieur de la ville interdite, nous assistions à la révolte vaine de cet être qui représente tout, qui n'est plus rien et doit, pour s'exprimer, dessiner seulement, à la façon de certains de ces ancêtres, quelques vers qui seront commentés en un sens absurde ou trop subtil par les érudits délégués à cette tâche. Prisonnier dans la nombreuse enceinte de ses palais, lié de toutes les traditionnelles entraves que les siècles inventèrent, esclave d'un cérémonial sacro-saint, muet parce que trop de gens parlent autour de lui, sourd dans cet immense bruit que fait l'Empire, il n'arrivera pas à ses fins ; or il le sait et c'est là sa pire agonie, car il aime son peuple qui ne le vit jamais et que lui-même découvre de trop loin, de trop haut ; il aime la Chine qui lui est soumise, qui, dans le temps, remonte jusqu'à la Fable, jusqu'aux pieds des dieux supérieurs, jusqu'au Ciel même dont il descend, la Chine qui, dans l'espace, n'est bornée que par les Quarante Mers au delà desquelles il n'y a rien, puisque tout cet infini de lieues forme l'Empire « qui est le Milieu, qui est Tout ». Effrayé par cette vision, s'il note en un quatrain son ver_ tige douloureux, l'annaliste commente ainsi l'écrit tombé de l'impérial pinceau :

« L'Empereur veut sans doute indiquer par ces vers l'émoi convenable dont le Fils du Ciel est saisi quand il envisage, comme d'un lieu très

élevé, toutes les charges qui l'attirent. Cette pensée est pleine d'à-propos. Le sentiment et la calligraphie sont bien du mode poétique. De tels jeux manifestent un Empereur très érudit ».

Le dominant, le surplombant, en quelque sorte, et le couvrant de son ombre, voici l'étrange et redoutable Impératrice Douairière. Elle dirige sans presque paraître ; toute retranchée dans la Chine du passé, mais bien présente, elle figure la force qui fut, à côté d'une force qui n'est pas encore ou ne peut s'exercer. La tradition qui permet certains gestes suivis de contrainte ; l'incertitude et l'angoisse de son fils lui en permettent d'autres auxquels le rêveur ne saurait se soustraire. « Une mère, dit-elle, doit être heureuse au delà du bonheur de son fils ». Celui-ci tente-t-il d'expliquer son vague désir, non plus à voix haute et superflue puisqu'il ne peut la faire entendre, mais en vers, l'annaliste s'étonne respectueusement de cette recherche ambiguë du nouveau dans un texte qui devrait être emprunté en son entier aux livres classiques. Sans que rien ne le rattache plus ni à ce ciel qu'il ne saurait invoquer, ni à cette terre qu'il ne saurait voir, ni même au jour présent qu'il ignore, le Fils du Ciel reste inactif, au centre de son palais, reclus comme en cellule.

Segalen nous parlait souvent de ce livre avec passion. Il y travaillait, diverses parties en furent écrites, tout le plan fixé, mais il regrettait de ne pouvoir, dans ce sombre roman impérial, mettre aucune qualité d'ironie. Certes, l'ironie naissait bien du contraste des faits, du parallèle de ce que fut cette splendeur chinoise et de ce qu'il en reste... l'auteur cherchait plus loin : s'étant composé du monde de la cour une image érudite et précise, il en perçut bientôt les côtés ridicules, les traits vraiment burlesques, mais il regardait son sujet avec ses yeux d'Européen, après l'avoir inventé, pieusement, à la chinoise. Des critiques de cet ordre, fussent-elles réussies, ne trouvaient aucune place marquée dans ce livre grave où la noblesse et la force tragique du drame importaient seules.

De ce souci naquit un autre livre : *D'après René Leys.*

Montrer la cour, le péril de la dynastie, la cité interdite, l'entourage de l'Empereur, la Vénérable Mère, le Régent, le clan des novateurs, des courtisanes et des eunuques, mais, cette fois, du point de vue européen, *cum grano salis*, pourrait-on dire, et en pénétrer cependant le secret au cours d'une subtile histoire; rendre aussi la couleur et l'odeur de Pékin, l'aspect de sa foule, de ses théâtres, de ses bouges, en définir le somptueux dessin vraiment impérial, et le charme, et l'exotisme survivant, malgré ce que l'Européen y apporte chaque jour de laideur... nouveau sujet, aussi attachant que l'autre, et qui ravissait d'aise Segalen. D'ailleurs, il aimait à considérer ainsi les choses d'un point de vue multiple et, de ce fait, à leur donner un surcroît de relief. Eloigné du bouddhisme qui l'avait si fortement requis à Ceylan, mais dont la Chine lui présentait une image enlaidie et diminuée, il pensait à reprendre, sous le titre : *l'Illuminé*, son drame de *Siddartha*. La tragédie devenait tragi-comédie; l'auteur s'y vengeait, en quelque sorte, de son propre détachement. Il voulait aussi composer un récit de voyage où seraient retenus non point seulement la beauté du décor, les merveilles rencontrées, mais les anecdotes ridicules, les traits de mœurs abjectes, le détail révoltant. L'ordre impérial ayant disparu, ce qui prenait sa place valait d'être décrit, mais de quelle façon aigre, rageuse et méchante Segalen sut s'y prendre! A lire les fragments d'*Équipée*, on dirait qu'il se venge encore; il n'aime plus la Chine!

D'après René Leys est d'une tout autre venue. Je me rappelle qu'il nous en parlait, un soir, à l'époque où, terminant heureusement la partie archéologique de notre second voyage, nous allions nous livrer tout entiers aux délices de l'hydrographie et préciser le contour du Yang-Tseu dont les cartographes nous offraient une image trop incertaine. Evoquer Pékin, la ville grouillante de la plaine, en ces hauts lieux déserts, cela étonnait d'abord, mais bientôt Segalen nous entraîna et nous nous retrouvions avec lui devant la porte de Ha-ta-men ou dans la boutique de quelque brocanteur. La fantaisie de l'artiste nous transportait au loin; celle du destin devait, quelques jours, après, nous transporter plus loin encore. Ce fut en effet le 10 août 1914, à l'heure où le soleil se couchait derrière le rempart du Thibet, qu'un missionnaire hollandais, rencontré par hasard, nous demanda du ton le plus pacifique, le plus neutre : « Savez-vous que l'Europe est à feu et à sang? » Les nouvelles affluèrent pendant les jours qui suivirent : toutes plus ou moins fausses, elles jalonnèrent la route hasardeuse et vite choisie qui devait nous mener en Indo-Chine. A coup sûr, les dieux du pays étaient avec nous, car nous atteignîmes sans encombre Yun-nan-sen où le chemin de fer nous cueillit. Au début d'octobre, nous débarquions à Marseille.

Segalen rejoignit à sa demande les fusiliers marins sur le front de l'Yser. Lentement, la guerre l'usa. Résolu à ne pas céder, refusant tout repos, il ne ressentit pas le travail secret de cette usure sourde. Il revint, très malade, et tout arrêt d'activité lui étant insupportable, à sa demande encore, il fut envoyé en Chine pour y recruter des ouvriers indigènes. C'était assurément *the right man in the right place*, mais combien diminué, physiquement, par l'effort guerrier! Rentré en France, sa tâche accomplie, il s'épuisa par un labeur quotidien à l'hôpital de Brest. Il n'admettait pas qu'une âme forte pût être surmenée : il considérait le repos comme une déchéance. Sa dernière joie de l'esprit fut peut-être d'apprendre l'armistice :

« *Aujourd'hui*, m'écrivait-il, *on voit si clair! il fait si grandement beau, en France, que toute impatience personnelle serait odieuse ; seul un entrain redoublé est possible... Quel renouveau! quelle façon d'en finir, à la française!* »

Mais, pour lui, le relâche arrivait trop tard : il succomba, le 21 mai 1919, à une hémorragie accidentelle, dans la forêt du Huelgoat, en Bretagne. Ce Breton de souche bretonne, nourri d'exotisme et qui avait tant couru le monde, revenait mourir là.

Il laisse à ceux qui le connurent, qui l'aimèrent, un merveilleux souvenir; ses œuvres déjà publiées charment par une forte originalité et cette passion de l'art qui se manifeste à toutes leurs pages. D'autres, presque achevées, pourront être données encore, mais dans les papiers de cet infatigable travailleur, que d'ébauches déjà composées, que de plans complets et vivants, que de notes précieuses, bien prises, non pas jetées au hasard mais dessinées avec soin et cernées d'un trait net, que d'essais entrepris, que d'esquisses fixées!... et, surtout, quelle poignante conviction cet ensemble donne à qui le découvre de la qualité rare, de l'émouvante richesse de l'œuvre nombreuse, hermétique parfois, mais toujours pleine de sens, de fantaisie et de passion, que Victor Segalen dut interrompre.

TABLE DES ILLUSTRATIONS

TOME I

TOME II

TABLE DES MATIÈRES

CE LIVRE

TIRÉ A 35oo EXEMPLAIRES

DONT 6o SUR JAPON DE CORVOL

A ÉTÉ IMPRIMÉ PAR

M. AUDIN ET CIE

DE LYON